아이에게
맡겨라

원제: ほんの少しのやさしさを

잔소리 과보호가 아이를 망친다

아이에게 맡겨라

히라이 노부요시 지음
박진희 옮김

리즈앤북
ries & book

아이의 문제 행동은 도움을 요청하는 사인입니다

제가 〈야단치지 않는 교육〉을 제창하게 된 데에는 세 가지 이유가 있습니다.

첫 번째 이유는, 제 어린 시절의 기억 때문입니다. 아버지는 화를 잘 내는 편이라 아버지 옆에서는 늘 긴장했었지만, 어머니는 거의 혼을 내는 일이 없어서 어머니와 함께 있을 때는 그야말로 '자유'를 만끽하는 즐거운 시간을 보낼 수 있었습니다. 특히 외할아버지는 아주 신앙심이 깊은 분으로 거의 화내는 일이 없으셨습니다. 할아버지는 저를 무척이나 귀여워해 주셔서 어느 샌가 그분의 영향을 받게 되었고, 아버지처럼 화내는 부모는 되지 않겠다고 결심했기 때문입니다.

두 번째 이유는, 〈놀이요법〉을 공부했기 때문입니다. 놀이요법이란 여러 가지 문제행동을 보이는 아이들과 함께 놀면서 아이들이 자연스럽게 마음을 열도록 하는 치료법입니다. 아이가 마음을 열었을 때 제가 보게 된 것은, 부모에게 받은 마음의 상처와 응어리였습니다. 즉 아이의 문제행동은 아이가 "도와주세요!"라고 외치는 시그널(적신호)이라는 것을 이해하게 되었지요. 육체적 학대인 체벌만이 아니라, 꾸중이나 설교도 아이에게는 상처가 될 뿐입니다.

세 번째 이유는, 게젤이라는 미국의 학자가 연구한 발달과정을 알게 되었기 때문입니다. 아이는 아무런 문제없이 자라주지는 않습니다. 앞으로 나아가기보다는 옆길로 새는 일이 더 많습니다. 즉 말도 듣지 않고 반항할 때도 있지만, 그 행동에는 다 의미가 있음을 알게 된 것이죠.

게다가 체벌을 가하거나 꾸짖기만 하는 부모와 교사는, '배려'가 결여된 사람이거나 자기중심적인 사람, 혹은 교만한 사람이 많습니다.

야단을 맞지 않고 자란 아이들은 언제나 생기 넘치고, 자신이 생각한 일을 분명하게 이야기하며, 감정도 풍부합니다. 그러한 아이들로 넘쳐나는 세상이 오면 우리나라도 분명 멋진 나라가 될 거라고 확신합니다.

part 1 야단치지 않는 교육

part 2 아주 작은 배려

야단치지 않는 교육

아이의 실수는 당연한 일

일요일 오전, 다섯 살배기 요츠는 부모님과 누나, 이렇게 넷이서 유원지에 가려고 집을 나서는 참이었습니다. 기쁜 마음에 무척이나 들뜬 요츠는 현관문을 열자마자 폴짝 뛰어내렸습니다. 그런데 아뿔사! 그만 그 자리에 고여 있던 작은 물웅덩이에 발이 빠지면서 미끄러져 넘어지고 말았습니다. 요츠를 뒤따라 나오다 그 모습을 지켜본 엄마는 뭐라고 했을까요?

"요츠, 바지 갈아입고 오렴."

엄마는 아무 일도 아니라는 듯 요츠에게 말했고, 요츠는 "네!" 하고 다시 집 안으로 들어가 흙이 묻은 옷을 턴 다음 새 바지로 갈아입고 나왔습니다. 엄마는 아직 흙이 묻어 있는 요츠의 팔과 손을 손수건으로 닦아준 다음, 요츠의 손을 잡고 "자, 이제 갈까?" 하며 대문을 나섰습니다.

아이의 실수를 비난하지 않고 자립심을 키워준 요츠의 엄마와 달리, 대부분의 엄마는 일단 소리부터 지를 것입니다. "대체 뭐하는 거야!" 그리고는 비난하겠죠. "그러니까 왜 뛰고 난리야!" 잔뜩 화가 난 얼굴로 아이를 안고 들어가 출발이 늦어진다며 아이의 옷을 거칠게 벗기고 갈아입히겠지요.

엄마의 이런 행동들로 인하여 자신의 실수를 스스로 뒤처리할 기회가 없어진 아이는 자립심을 키우지 못합니다. 게다가 아이의 마음에는 엄마에게 혼났다는 불쾌감만이 남게 되죠.

아이는 많은 잘못과 실수를 반복하며 자랍니다. 아이가 잘못이나 실수를 저지르지 않도록 부모가 도와주는 것이 바로 과보호입니다. 그 잘못이나 실수를 부모가 뒤처리해 주는 것 또한 과보호입니다.

과보호 속에서 자란 아이는 자발성을 키울 수 없습니다. 그 결과 소극적인 아이가 되고 맙니다. 유치원처럼 또래 아이들이 있는 곳에서도 친구와 적극적으로 놀려고 하지 않으니 좀처럼 친구를 사귀기도 어렵습니다. 그러면 엄마는 "왜 친구랑 안 놀아?"라고 비난하며 "친구를 많이 만들어야지!" 하고 명령합니다. 그런 식으로는 아이의 자발성을 키우지 못합니다. 오히려 점점 열등감만 강해지겠지요.

아이의 행동 중 무언가 마음에 걸리는 것이 있다면, 그 원

   아이에게 맡겨라

인이 지금까지의 교육법에 있는 건 아닌지 살펴보아야 합니다. 잘못된 교육법을 바로고치지 않고서는 아이의 문제행동은 해결되지 않기 때문입니다. 이 점을 깨닫지 못하는 한, 아이의 인격형성에 숨은 문제만 키울 뿐입니다.

'아이는 부모의 거울'이라는 말이 있습니다. 부모의 잘못된 교육이 아이의 행동을 통해 고스란히 드러나기 때문입니다. 미숙한 인격의 소유자가 부모가 되었기 때문에 교육법에 문제가 생기는 것은 어쩌면 당연한 일입니다.

그러므로 아이에게 무언가 문제가 생겼을 때에는 아이를 비난하지 말고, 자신의 인격이나 교육법을 반성하고, 잘못된 교육법을 바로잡아야 합니다.

아이의 장난에도 의미가 있다 

곧 여섯 살이 되는 마나부는 어찌된 일인지 할아버지가 아끼시는 난꽃을 따서 종이 위해 늘어놓고 있었습니다. 할아버지는 깜짝 놀라 "이런, 이런, 마나부! 그럼 안 돼. 이건 할아버지가 소중히 여기는 거야."라고 말하자, 할아버지의 얼굴을 본 마나부는 놀란 얼굴로 꽃을 따던 손을 멈추고 "잘못했습니다."라며 고개를 꾸벅 숙였습니다.

할아버지는 한 번도 화를 내거나 꾸짖는 일이 없었던 터라 마나부의 얼굴에 무서워하는 기색은 전혀 없었지만, 할아버지가 왜 안 된다고 하는지는 이해할 수 없다는 표정이었습니다.

'왜 화분에 있는 꽃을 땄을까?' 할아버지는 생각했습니다. 마나부는 할아버지가 꽃을 얼마나 소중히 여기는지도 알고 있었고, 지금까지는 그런 장난을 친 적도 없었으니까요. 그러다

 아이에게 맡겨라

가 문득 일주일 전의 일이 생각났고, 그제서야 할아버지는 마나부가 왜 꽃을 땄는지 깨달았습니다.

일주일 전에 마나부는 거실에 장식해 두었던 죽절초의 빨간 열매를 유치원에 가지고 가서 친구들과 함께 재미있게 놀았던 일이 있었습니다. 그 얘기를 엄마는 유치원 선생님께 듣고 할아버지에게도 전해 주었습니다. 사실 그 죽절초는 정월에 거실에 장식해 두었던 것인데, 열매 맺은 지가 오래 되어 거실 바닥으로 뚝뚝 떨어지기 시작하자 마나부가 그걸 주운 것이었습니다. 주운 걸로는 모자랐던지 아직 가지에 붙어 있는 열매까지 땄지만, 할아버지나 어머니는 이제 곧 버릴 거라 마나부에게 아무 말도 하지 않았던 겁니다.

결국 마나부는 장식되어 있는 것은 따도 된다고 생각했고, 그것을 유치원에 가져가서 친구들과 즐겁게 놀았던 기억만 남아 있었던 겁니다. 그래서 이번에는 난꽃을 가져가서 친구들과 다시 놀려고 했던 것입니다.

할아버지는 어머니에게 그 이야기를 해주시고, "아이들은 때가 나 된 죽절초의 열매나 이제 막 피어난 난꽃이나 다 같은 놀이도구일 뿐인 게야." 하고 말씀하셨습니다. 어머니는 "저 같았으면 귀한 난꽃을 따버린 것만 생각하고 바로 화를 냈을 거예요."라며 어른들의 생각만으로 꾸짖는 일이 많다는 사실을 떠올리며 반성했습니다.

어른들에게는 난감한 '장난'이라도 아이에게는 반드시 아이 나름대로의 이유가 있습니다. 아이가 왜 그랬을까는 생각해보지도 않고, 자신에게 손해를 입혔다고 무조건 '나쁜 아이'라고 혼을 내는 어른들이 아주 많습니다.

아이의 입장에서 생각하고, 아이의 마음을 헤아려주는 것이 '배려'입니다. 마나부의 '장난'이 '배려' 깊은 할아버지에 의하여 받아들여졌듯 말입니다.

부모나 다른 가족에게 '배려'를 받음으로써 아이의 마음에도 '배려'가 싹트고 점점 발달하게 됩니다. 그리하여 자신의 '장난'이 가족에게 피해가 된다는 것을 알게 되면, 진심으로 사과의 말을 할 줄 아는 사람으로 성장하는 것입니다.

장난꾸러기의 부모사랑

스스무는 유치원 최고의 말썽꾸러기였습니다. 창문으로 뛰어내리질 않나, 지붕에 올라가질 않나, 선생님이 쓰시는 도장도 아무 데나 찍어대며 돌아다녔습니다. 예방접종을 위해 의사선생님이 오시기라도 하면 의사선생님의 물건을 함부로 만져서 의사선생님의 노여움을 사기도 했습니다. 주사를 맞기 싫은 마음에 아이 나름대로 수를 썼던 겁니다. 그래도 유치원 선생님들은 너그러운 분들이 많아서 "악의가 있어서 그런 게 아닌걸요. 정말 순수한 아이랍니다."라며 스스무를 귀여워해 주셨습니다.

하지만 초등학교에 가자 사정이 달라졌습니다. 초등학교 선생님은 아주 작은 '장난'도 용서해 주질 않으셨기 때문에 스스무는 복도에 서 있기도 하고, 매를 맞는 등 벌을 받았습니다.

가끔 어머니가 학교에 불리어 가기까지 했는데, 그런 날이면 스스무의 어머니는 저를 찾아와 "좀 어떻게 안 될까요?"라며 눈물을 훔치셨습니다.

저는 아이의 '장난'은 자발성이 순조롭게 발달하고 있다는 증거이며, 구김 없이 생활하는 아이에게는 반드시 따라오는 행동이니까 스스무를 꾸짖지 않도록 말씀드렸습니다. 오히려 언제나 스스무의 편이 되어서 학교에 불리어 가더라도 스스무를 대신하여 얼마든지 고개를 숙여야 한다고 말이지요. 그리고는 저의 초등학교 친구 중에서도 가장 말썽꾸러기였던 친구가 사회에 나가서는 제일 큰일을 하고 있다고 덧붙이며 안심시켰습니다.

중학생이 된 스스무는 그때부터 점점 '장난'을 치지 않게 되었고, 특히 3학년이 된 후부터는 공부에 집중하여 목표로 했던 고등학교에 진학하게 되었습니다. 그러더니 학과도 스스로 선택하여 대학에 가서는 연구자가 되었습니다. 스스무의 결혼식에서 만난 어머니는 "저 애가 어렸을 때는 저를 그렇게 울리더니, 선생님 말씀처럼 사춘기가 지나자 언제 그랬냐는 듯 의젓해졌어요. 지금은 형제 중에서 제일 효자라니까요."라며 눈시울을 붉히셨습니다.

이와는 대조적으로, 사춘기 이후에 갑자기 등교거부를 하

 아이에게 맡겨라

거나 엄마에게 폭력을 휘두르는 아이가 많습니다. 어렸을 때부터 얌전하게 부모의 말을 잘 들으며 '장난' 따위는 하지 않는 '착한 아이'로 부모를 만족시켰고, 초등학교 때에는 선생님에게 '말이 필요 없는 아이'라는 소리도 들었을 겁니다. 공부도 잘하고, 숙제도 잘하고, 준비물을 잊어버리는 일 따윈 없었으니까요.

하지만 이것은 부모나 선생에게 복종하는 아이의 모습일 뿐이지, 자발성의 발달은 아주 늦었다는 것을 의미합니다. 어른들 입맛에 맞는 '착한 아이'로 평가된 것일 뿐, 아이다운 시절을 보낼 수 없었던 아이입니다. '착한 아이'란 아이의 입장에서 평가되어야 하며, 그 안에 '장난'도 포함되어야만 합니다.

아이가 거짓말을 할 때 

아이가 거짓말을 한다는 것은 부모나 교사의 입장에서 유쾌한 일은 아닙니다. 게다가 옛날부터 '거짓말쟁이는 도둑의 시작'이라는 말도 있으니, 걱정이 되기도 하겠지요. 그래서 아이가 거짓말을 하면 날카롭게 추궁하여 자백을 받아냅니다.

부모가 아이를 죄인 취급하다니, 얼마나 슬픈 일입니까. 게다가 교사 중에는 교육의 본질 따위는 잊고, 마치 자신이 경찰관이라도 되는 양 냉철한 마음가짐으로 아이를 추궁하는 사람도 있습니다. 아이의 거짓말을 밝혀서 처벌하고자 하는 마음만 앞서는 것이지요.

하지만 잠시 생각해 봅시다. 아이는 왜 거짓말을 하는 걸까요? 아니, 그보다 먼저 어른들은 일상생활 속에서 어떤 거짓말을 하고 있는지 생각해 봅시다. 엄마는 아빠에게, 아빠는 엄마에게 거짓말을 한 적이 없습니까? 정작 따져 보자면 부모나 교사가 아이에게 거짓말을 하는 일도 아주 많습니다.

그런 일들을 떠올리면서 아이가 왜 거짓말을 했을까를 생각해 보면 어떨까요?

우리가 거짓말을 하는 것은, 곧이곧대로 이야기하면 불리한 상황에 처해진다는 걸 알기 때문입니다. 아이에게 있어서 불리한 상황이라는 것은 혼이 나거나 처벌을 받는 일입니다. 엄마가 아빠에게 하는 거짓말에는 어떤 것이 많을까요? 교사가 교장이나 동료에게 하는 거짓말에는 어떤 것들이 있을까요? 교장조차도 사건이 일어나면 그것을 최대한 감추려고 거짓말을 합니다.

자신이 한 일을 정직하게 말해도 불리한 상황에 처하지 않는다면 아이들은 있는 그대로 말할 수 있게 됩니다. 저는 제가 키운 세 명의 아이들과 여덟 명의 손주들을 통해 이를 경험하였습니다. 물론 제 아이들이나 손주들이 저에게 거짓말을 하여 불쾌했었던 기억도 없습니다.

손주들은 장난을 아주 잘 칩니다. 가끔 서재에 들어와 제 물건에 손을 대서 망가뜨려 놓는 일도 있지만, 제가 집에 들어오면 바로 "할아버지, 오늘 이거 망가뜨렸어요. 죄송해요." 하고 사과를 합니다. 제가 혼을 내지 않기 때문입니다.

저는 "이건 쉽게 깨지는 거거든."이라든가, "이건 할아버지가 아주 아끼는 건데." 같은 말로 대응을 하며, 그때그때의 기분을 말하기는 하지만 야단을 친 일은 없습니다.

또한 손주들은 장난을 치고 싶을 때는 먼저 "이거 갖고 놀아도 돼요?" 하고 제게 묻습니다. 그러면 저도 그것이 아주 귀중한 물건이 아닌 한은 허락합니다. 만약 귀중한 물건이라면 "그건 귀중한 거니까 할아버지랑 같이 놀자." 하고 말해서 아이의 호기심이 채워지도록 합니다.

학교에서도 저를 이해하는 학생은 거짓말을 하지 않습니다. 논문 지도를 하기 위해 아침 시간에 약속을 잡은 일이 있었습니다. 이른 시간이라 저도 서둘러 나가 기다렸으나 아무리 기다려도 학생은 오지 않았습니다. 한참 뒤 기다리던 학생에게 전화가 왔는데 "죄송합니다. 실은 제가 늦잠을 자서 지금 일어났습니다. 정말 죄송합니다."라며 거듭 사과를 했습니다. 저는 "다음에 더 열심히 하세."라고 격려했을 뿐입니다. 거짓말을 하지 않은 것이 무엇보다 기뻤기 때문입니다.

 아이에게 맡겨라

오줌싸개의 비밀

　오줌싸개 아이에 대해서 부모들, 특히 엄마는 어떻게 대처하고 있나요? 옛날에는 뜸을 놓기도 했는데, 요즘에 그런 일을 하는 부모는 없을 겁니다. 하지만 혼을 내거나 때리는 부모들은 지금도 많지 않을까 싶습니다.

　요에 지도를 그려본 경험이 있는 사람이라면 잘 알 것입니다. 사실 잠자리의 배뇨란 무의식적인 것이기 때문에 스스로는 어찌 할 수 없는 법입니다. 그런 일에 혼을 내거나 때리는 행위는 너무나 가여운 처벌입니다. 오줌을 싼 뒤처리가 힘들다는 이유로 부모들은 그만 화가 나 야단을 치고 말지만, 아이에게는 아무런 죄가 없는 것입니다.

　옛날부터 오줌싸개 아이에게는 수분을 조절하라고 말합니다. 그것이 저녁나절부터 시작되기 때문에 아이가 목이 말라

물이라도 마시려고 하면 "괜찮겠어?"라고 되묻거나 저녁식사 때 국을 더 달라고 하면 "그만 먹는 게 좋겠다."라는 식으로 이야기합니다. 이런 말들은 모두 '너는 오줌싸개잖아!'라고 하는 것과 마찬가지여서 아이는 심한 열등감을 느끼게 됩니다. 베갯머리에서 "오줌 싸지 않게 해주세요!"라고 기도하도록 지도하는 엄마도 있는데, 그야말로 아무 소용없는 짓입니다.

자식을 일곱 명이나 두고 니가타에서 보모로 일하고 있는 구로이시 치츠코 씨의 책을 읽으면, 오줌싸개에 대한 아주 재미있는 에피소드가 실려 있습니다. 하루는 그녀가 "지도를 그리면 200엔을 줄게."라고 오줌싸개 아이에게 제안을 합니다. 말하자면 상을 주겠다는 말인 거지요. 그러자 아이가 "300엔으로 올려주세요."라고 하더랍니다. 그래서 그렇게 하겠다고 약속을 했더니, 그날 밤부터 이불에 지도를 그리는 일이 없어졌다고 합니다.

예로부터 아이를 따뜻한 마음으로 감싸고 아이가 좋아하는 음식을 주면 단번에 오줌 싸는 버릇이 없어진다는 말이 있습니다. 제 경험으로도 삼형제 중 가운데 끼인 아이를 엄마 옆에서 재웠더니 바로 고쳐진 적이 있습니다.

그러나 일이 그렇게 간단하지만은 않습니다. 누구에게든 다 효과가 있는 방법이라는 것은 없으니까요.

 아이에게 맡겨라

호아시 에이이치 박사의 연구에 의하면, 물을 제한해 봤자 별 효과가 없고, 한밤중에 아이를 억지로 깨워서 화장실에 데려가는 방법은 오히려 좋지 않다고 합니다. 열 살 이하 아이의 경우, 엄마에게는 카운슬링이, 아이에게는 놀이요법(심리요법)이 필요하며, 호르몬제를 이용하여 효과를 높인다고 합니다.

사실 오줌싸개의 치료법에 관한 연구는 셀 수 없이 많은데, 최초에 그 치료법을 발견한 사람은 '치료율이 아주 높다'고 보고하는 것이 특징입니다. 하지만 그 방법을 나중에 시험해 본 다른 연구에서는 그다지 효과를 보지 못하는 경우가 많은 것 같습니다. 그런 점들을 생각해 볼 때, 아이의 마음을 어른의 입장에서 일괄적으로 정리하는 것에는 무리가 있는 듯 보입니다. 무엇보다 어른들은 아이의 마음을 머리가 아닌 따뜻한 마음으로 이해해 주는 노력이 필요합니다. 그런 의미에서 오줌싸개는 귀중한 현상이라고 말할 수 있습니다. 게다가 사춘기가 되기 전에 어느 틈엔가 고쳐지니까요.

친구는 평생의 재산

　친구에게 관심을 가지고 함께 놀고 싶은 욕구가 강해지는 것은 발달적으로 보면 만 세 살에서 네 살 사이이지만, 아이마다 개인차가 있기 때문에 그보다 빠르거나 늦을 수 있습니다. 제 손자는 만 세 살이 되고 얼마 안 있어 유치원을 다니게 되었는데, 처음 2개월은 유치원 가는 것을 그리 좋아하지 않았습니다. 간혹 가기 싫다고 하는 날도 있어서 그런 날은 집에서 놀게 했습니다. 즉 무조건 등 떠밀어 보내지 않고 아이가 원하는 대로 해준 것입니다.

　하지만 2개월이 지나자, 친구들과 노는 일에 흥미를 느끼기 시작했단 것을 확신할 수 있었습니다. 하루는 제가 집에 들어오는 소리에 현관까지 뛰어나온 손자가 내 얼굴을 보자마자 대뜸 "어이, 영감~!" 하는 것이 아닙니까! 저는 기쁜 마음에 "왜

　　　　　　　　　　　　　　　아이에게 맡겨라

그러니, 가쿠(손자 이름)!" 하고 대꾸했습니다.

집에서는 어느 누구도 나를 '영감'이라고 부르는 사람이 없습니다. 유치원의 선생님들도 '영감'이라는 말을 사용하지는 않을 것입니다. 그렇다면 '영감'이라는 단어는 친구들에게 배운 것이 틀림없습니다. 친구들에게 배웠다는 것은 친구와 사귀기 시작했다는 것을 의미합니다.

이 시기에 친구를 사귀는 능력이 발달한다는 것은 일생에 걸쳐 중요한 의미를 지닙니다. 특히 사춘기 이후에 친구의 존재는 고민 해결에 아주 커다란 역할을 합니다. 친구와 수다를 떠는 것만으로 고민이 해결되기도 하기 때문입니다. 친한 친구가 없는 사춘기의 아이들은 불안이 심해지거나 강한 좌절감에 빠져 있어도 그 해결을 같이 고민할 상대가 없습니다.

등교거부를 하는 아이나 심신증, 신경증(노이로제) 등에 걸린 아이의 어린 시절 살펴보면, 친구가 없거나 있어도 자신과 비슷한 얌전한 경우가 90% 이상을 차지합니다. 과보호나 과잉 간섭을 받는 아이는 마음대로 놀 수가 없기 때문에 친구를 잘 사귀지 못하고, 이것이 사춘기가 되어 여러 형태의 이상행동을 부르는 원인이 됩니다.

제 손자는 그 시기에 저를 '너'라고 부르고, 자기에게는 '나'라는 단어를 쓰기 시작했습니다. 저도 손자와 어울릴 때는 손자가 쓰는 말을 함께 사용했기 때문에 우리의 대화는 늘 생기 넘치곤 했습니다.

그렇게 둘이 놀 때면 "어이, 영감!" 하고 부르던 손자가 분별력이 생기기 시작하면서 1년쯤 지나자 '영감'이라고 부르는 일도 없어졌습니다. 오히려 어느 날인가 손님이 왔을 때는 '할아버님'이라는 단어를 사용하여 저를 감동시켰습니다.

말을 고쳐주려고 애쓰기보다는 친구와 잘 놀 수 있는 아이로 키워야 합니다. 아이는 가족이 올바른 말을 쓰기만 한다면 결국에는 그것을 받아들이게 됩니다. 말에 대한 교육은 하지 않는 편이 안전합니다. 말버릇을 가르치려고만 하다 보면 친구 사귀는 능력을 키우지 못하는 아이로 만들 수도 있습니다.

아이에게 맡겨라

야단치지 않는 교육이 배려를 키운다

우리가 매년 여름에 초등학생을 대상으로 실시하고 있는 캠프에서 있었던 에피소드입니다.

이 캠프는 일정이라는 것이 없습니다. 몇 시에 일어나고 몇 시에 자든 아이의 자발성에 맡기며, 금지사항이 전혀 없고, 무엇을 해도 야단치지 않습니다. 아이에게 전면적인 '자유'를 주고 있는 셈이죠. 물론 아이들에게 자유를 선사하고 방치한다는 말은 아닙니다. 우리는 결코 아이들에게서 눈을 떼지 않습니다. 그것은 위험을 방지하려는 의미도 있지만, 아이의 행동의 의미와 아이의 마음을 살펴보기 위해서입니다. 아이에게 '자유'를 준다는 행위는 우리에게 아주 커다란 책임감을 요구합니다.

'자유'를 부여받은 아이는 자발적으로 활동함과 동시에,

자신의 마음을 있는 그대로 표현하게 됩니다. 정서가 불안정한 아이는 그것을 분명히 드러내기 때문에 부모에게 충분히 사랑받지 못하고 있다는 사실을 알 수 있습니다. 그런 아이는 약한 아이를 괴롭힙니다. 정서가 안정된 아이는 친구와 잘 놀고, 캠프의 즐거움을 만끽하며 장애아를 거리낌 없이 돕습니다.

그 해에는 다리가 불편한 아이가 참가했었습니다. 지적 능력도 좀 떨어지는 데다 가끔 현기증을 일으켜 갑자기 쓰러지곤 했지만, 아이 자신은 어떻게든 다른 아이들과 함께 행동하려고 했습니다. 등산하는 날에는 "나도 갈래." 하며 나서더군요. 그 의욕에 감동한 저는 그 아이의 보조 역할을 자처했습니다.

고생은 각오한 일이었지만, 등산을 보조하는 일을 꽤나 힘들었습니다. 아이의 팔을 부축하듯 잡고 모두의 뒤를 조심조심 따라갔는데, 그래도 넘어질 뻔 한 게 한두 번이 아니었습니다. 그때마다 아이를 껴안듯 지탱해야 했기 때문에 100미터쯤 올라갔을 때는 온몸이 땀으로 흠뻑 젖어버렸습니다.

그때 한 소년이 다가와 "같이 가도 돼요?" 하고 물었습니다. 제가 "물론이지." 하고 대답하자, 소년은 저를 대신하여 장애아의 팔을 잡고 걷기 시작했습니다. 그러더니 장애아가 즐겨 부르던 유행가를 둘이서 함께 부르기 시작했습니다. 장애아는 그것이 즐거웠던 모양입니다. 그 노래에 발을 맞추어 걸었

  아이에게 맡겨라

던 탓인지 저와 함께 걸을 때보다 비틀거리는 횟수도 적었습니다. 게다가 소년의 부축하는 솜씨는 또 어찌나 능숙하던지! 소년 덕분에 큰 도움을 받은 저는 두 아이의 뒤를 따라가며 그 흐뭇한 뒷모습에 마음이 밝아졌습니다.

나중에 소년의 어머니와 이야기를 해보니, 형제 중에 장애아가 있어서 돌보는 것이 여간 힘든 게 아닌데, 평소에도 소년이 동생과 잘 놀아준다는 것이었습니다. 게다가 어머니는 헤어지면서 "선생님의 책을 읽고 가능하면 아이들을 야단치지 않으려고 노력하고 있답니다."라고 말씀해 주셨습니다.

아이를 야단치지 않는 부모들은 교육이란 명분 아래 일방적으로 아이에게 "○○을 해야지!"라거나 "○○은 하지 마!"라고 명령하는 일이 적습니다. 오히려 어떻게 하면 아이와 즐겁게 지낼까를 생각하지요. 그것은 아이의 마음을 헤아릴 수 있기 때문입니다. 그러한 부모 밑에서 자라면, 아이들에게도 자연스럽게 '배려'의 마음이 자라납니다.

아이와 노는 부모, 놀지 않는 부모 

다섯 시간 가까이 걸리는 기차 여행에서 만난 젊은 부부가 자꾸 생각납니다. 그것은 여섯 살과 네 살의 개구쟁이 두 아이를 젊은 부부가 한 번도 야단치지 않았기 때문입니다.

따분한 기차 여행이 되지 않도록 젊은 부부는 준비를 단단히 해온 모양이었습니다. 가방에서 그림책이며 장난감, 종이접기에 필요한 색종이 같은 것들을 꺼내어 아빠와 엄마가 번갈아가며, 혹은 모두가 함께 즐겁게 시간을 보내고 있었습니다. 종이접기 같은 놀이는 각자가 접으면서 노는 것이기 때문에 꽤 오랜 시간을 재미있게 보낼 수 있습니다. 또 풍선을 불어 띄우기 놀이를 하면 아이들은 꺅꺅 소리를 지르며 즐거워했습니다. 풍선놀이가 시들해지자 이번엔 엄마가 손수건으로 쥐를 만들어 아이들을 간질이면서 놀았습니다. 끊임없이 놀거리를 생각

　　　　　　　　　　　　　　　　아이에게 맡겨라

해내는 대단한 엄마아빠였습니다.

　아이들과 여행을 하면서 아이와 함께 놀거리를 준비하지 않는 부모들이 있습니다. 아이는 따분해지기 시작하면, 한자리에 있지 못하고 돌아다니거나 몸을 비틀며 칭얼댑니다. 이런 당연한 현상을 아이의 입장 따윈 아랑곳 않고 혼을 내거나 엉덩이를 때리는 부모가 적지 않습니다. 아이에 대한 '배려'가 부족한 것이지요.

　며칠 전에도 그런 부모를 만났습니다. 몇 번이나 아이를 혼내더군요. 부모는 자고 싶은데, 두 아이들이 자리에 진득하니 앉아 있질 못하고 돌아다니더니 마침내 싸우고 결국에는 형이 동생을 울렸기 때문입니다. 동생이 엉엉 울자 "형이 동생을 울리면 어떡해!" 하며 형을 혼냈습니다. 형을 그렇게 혼내니까 동생은 조금이라도 자신이 불리하면 엉엉 울면서 시위를 합니다. 그러면 부모가 형을 혼내줄 테니까요.

　저는 참다못해 가지고 있던 색종이로 비행기를 만들어서 아이들이 있는 쪽으로 날려보았습니다. 내가 자리로 오라고 손짓을 하자, 두 아이는 내게 친근감을 느꼈는지 곧바로 내 자리로 왔습니다. 저는 두 아이를 양쪽에 안듯이 앉히고는 종이접기로 씨름선수를 만들었습니다. 그리고는 신문지에 볼펜으로 씨름판을 그리고, 그 종이 씨름선수들을 두드려가며 씨름을 시키니 아이들이 흥미를 느끼고 자기들도 해보겠다고 했습니다.

"같이 해볼까?"하고 내가 자리를 만들어주자, 아이들은 각자의 씨름선수를 잡고 놀기 시작했습니다. 한동안 놀던 아이들이 씨름놀이에 싫증이 날 무렵, 이번에는 두 아이의 손가락 하나하나에 얼굴을 그려서 손가락끼리 서로 대화하는 놀이를 해보게 하였습니다. 아이들은 연예인 흉내를 내며 그 놀이에 빠져 즐거워했습니다.

그 사이 부모들은 쿨쿨 기분 좋게 자고 있었습니다. 제가 아이들과 놀고 있는 것을 알면서도 어떤 놀이를 하며 즐거워하는지에 대해서는 관심이 없었습니다. 이윽고 엄마가 눈을 뜨더니 아이들을 불렀습니다. 아이들이 엄마에게 자랑이라도 하듯 손가락의 얼굴 그림을 보여주자, 엄마는 마치 더러운 것이라도 묻은 양 바로 닦아내려고 했습니다. 아이들은 싫다며 저항했지만, 엄마는 강제로 손가락의 얼굴들을 지워버렸습니다. 그 모습을 바라보며 저는 아이들이 불쌍하다는 생각을 지울 수 없었습니다. 저런 부모 밑에서 자라며 '배려'의 마음을 키울 수는 없습니다. 너무 늦기 전에 그들 또한 '배려' 있는 부모로 거듭나기를 진심으로 바라봅니다.

의욕을 꺾는 한마디

초등학교 2학년인 오사무는 쟁반에 놓은 그릇을 부엌으로 옮겨 달라는 엄마의 부탁을 받았습니다. 흔쾌히 승낙을 한 오사무는 문득 국수집 배달원이 쟁반을 한 손으로 어깨까지 높이 들어 나르던 것이 생각났습니다. 기왕이면 멋지게 해내고 싶다는 생각에 오사무는 바로 흉내를 냈습니다. 순간 '엄마가 뭐라고 하면 어쩌지?' 싶은 생각이 들긴 했지만, 엄마는 한 번 눈길을 주었을 뿐 아무 말도 하지 않았기 때문에 바로 쟁반을 한 손으로 들고 걸음을 옮겼습니다.

그야말로 숨 막힐 듯한 긴장감에 발걸음 하나하나가 조심스러웠습니다. 마침내 무사히 부엌의 싱크대에 그릇들을 옮겨 놓을 수 있었습니다. 그러자 엄마가 "정말 잘하네." 하며 감탄하듯 칭찬해 주었습니다. 오사무는 "이 정도쯤이야!" 하고 의기양

양하게 큰소리쳤습니다.

이러한 모험에 도전하여 성공했을 때 자심감이 붙는 법입니다. 게다가 엄마에게 칭찬까지 받았으니 자신감은 더욱 올라가겠지요. 만일 엄마가 "제대로 들어야지!"라든가 "그렇게 들면 위험해!"라고 주의를 주었더라면 어떻게 되었을까요? 엄마의 명령에 따르는 순종적인 아이는 말 잘 듣는 착한 아이로 보이겠지요. 하지만 그런 일이 반복되다 보면, 아이는 결국 모험에 도전하는 의욕 따위는 잃어버리게 됩니다.

만약 '하지 말라'는 엄마의 말을 듣지 않고 배달원 흉내를 냈다면 어떻게 되었을까요? 아마도 부엌까지 무사히 그릇을 날랐다고 해도 엄마는 도전에 성공한 것을 기뻐하지는 않을 것입니다. 오히려 "엄마 말도 듣지 않고!"라며 잔소리를 늘어놓았겠지요. 아이는 엄마 말도 안 듣는 '나쁜 아이'가 되어 자발성 발달에 압력이 가해졌을 겁니다.

만약 아이가 그릇을 떨어뜨려 깨기라도 했다면 어찌 되었을까요? 오사무의 엄마라면 "다음번엔 잘해보자!"라고 격려했을 것입니다. 모험에 도전하는 에너지를 키워주고 싶기 때문입니다. 격려를 받은 오사무는 '다음엔 꼭 성공해야지!' 하고 의욕을 불태웠을 겁니다. 그리고 다음번에 제대로 해냈을 때는 아주 강한 자신감을 갖게 되겠지요. 실패의 경험이 성공의 경

　　　　　아이에게 맡겨라

험으로 바뀌었을 때 아이의 자신감은 더욱 커집니다. 그런 생각으로 아이를 키우는 엄마 덕분에 오사무는 언제나 생기가 넘칩니다.

하지만 대부분의 엄마는 아이의 실패에 대하여 "거 봐라."라는 비난의 말을 던집니다. '꼴좋다'라는 뉘앙스를 풍기는 이 말이 부모의 입에서 튀어나오기 시작하면, 그 다음엔 아이의 일상생활에 대한 잔소리들이 이어지기 마련입니다. "뭐 하나 제대로 하는 게 없다니까!"라며 아이의 기를 죽이는 엄마도 있습니다.

그런 소리를 들으면, 아이는 엄마를 돕고 싶은 마음이 없어집니다. 다음에 엄마가 도와달라고 하면 "싫어!"라며 거절하겠지요. 그러면 엄마 말도 듣지 않는 아이라며 비난할 것입니다. 아이는 노동의 의욕을 잃을 뿐 아니라 열등감을 갖게 됩니다. 즉 자신은 못된 아이라는 마음이 강해지는 것이지요. 그런 아이의 모습을 보면 엄마는 "제대로 좀 해!"라고 소리치지만, 엄마의 비난이 아이를 망치고 있는데 아무리 제대로 하라고 한들 아이가 할 수 있는 일은 없습니다.

아이의 실패를 비난하지 않는 엄마아빠가 되도록 노력합시다.

성적보다 중요한 것

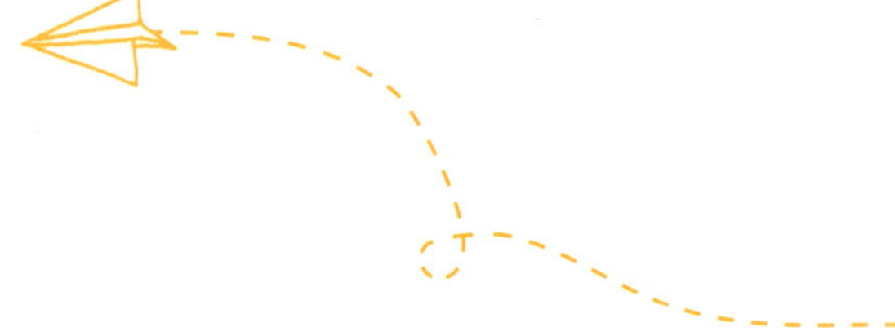

아이가 낮은 점수가 적힌 성적표를 엄마에게 내민다면 엄마는 뭐라고 해야 할까요? "이게 점수야? 공부를 안 하니 점수가 이 모양이지!" 같은 말로 아이를 비난하거나 지루한 설교를 늘어놓고 있지는 않나요?

엄마로서야 어떻게든 좋은 성적을 받게 하고 싶어서 하는 말이지만, 결국엔 아이를 비난하는 일밖에 되지 않습니다. 부모에게 비난받거나 야단맞는 일이 많은 아이는 점점 열등감이 강해집니다.

아이라고 나쁜 성적을 받고 싶을까요? 언제나 높은 점수를 받고 싶을 겁니다. 엄마와 아빠도 자신의 초등학교 시절을 떠올려보세요. 좋은 점수를 받고 싶었지만 그러지 못했던 경험이 더 많지 않았나요?

망친 시험 결과를 엄마에게 보여주어야만 할 때, 성적표를 엄마에게 내밀 때까지의 기분을 떠올려보세요. 혼날 걸 뻔히 알 때에는 그것을 어떻게든 보이고 싶지 않은 마음에 감추거나 거짓말을 하려고 이것저것 궁리를 했을 겁니다. 특히 매를 드는 엄마에게는 아주 방어적이 되어서 거짓말로 밀고 나가게 됩니다.

거짓말을 하는 아이는 '나쁜 아이'라고 비난을 받지만, 부모와 교사가 거짓말하는 아이를 만들어냅니다. 아이들은 혼을 내거나 체벌을 가하지 않는 부모나 교사에게는 정직하게 자신의 실패나 잘못을 털어놓습니다.

마치코의 엄마는 시험 성적으로 마치코를 비난하거나 혼을 낸 일이 한 번도 없습니다. 그래서 마치코는 낮은 점수를 받았을 때라도 성적표를 당당하게 내밉니다. 그리고는 "이번엔 완전 망쳤어."라고 말합니다.

그러면 엄마는 "원인이 뭘까?"라고 묻고, 마치코는 "선생님이 이번 시험은 문제가 어려워서 모두 성적이 좋지 않다고 하셨어."라고 대답할 수 있습니다.

선생님의 설명이 어려워서 대부분의 아이들이 잘 이해를 못했다는 대답도 나올 수 있습니다. 시험이라는 형식의 의미 안에는 시험을 통해 교사가 반성해야 할 일도 포함되어 있기 때문입니다.

마치코는 엄마에게 "왜 성적이 나빠도 화내지 않아?"라고 물어본 적이 있습니다. 그러자 엄마는 "마치코가 시험 점수 하나에 쩔쩔 매는 사람으로 자라지는 않았으면 좋겠거든."이라고 대답했습니다.

엄마에게는 엄마 나름대로 하고 싶은 일이 있습니다. 그것을 시를 쓰는 일입니다. 구름이 흘러가는 모습을 물끄러미 바라볼 때가 있습니다. 나뭇잎이 속삭이는 소리에 귀를 기울이는 일도 있습니다. 아빠도 그런 엄마가 좋다고 했습니다.

아이에게 맡겨라

# 부모의 뜻대로 되지 않는 것이 자식

요즘 같은 세상에도 여전히 의절의식이 남아 있어서 "너 같은 놈은 필요 없어! 당장 집에서 나가!"라고 소리치는 부모가 있습니다. 너란 아이는 나쁜 아이니까 부모자식 간의 연을 끊겠다는 것입니다. 어째서 이런 비정한 말을 내뱉는 것일까요? 그런 말들은 지금의 부모들이 젊었을 때 그 부모로부터 들은 소리를 아무런 비판도 없이 그대로 되풀이하는 것에 지나지 않습니다.

우리나라에서는 부모를 비판하는 일에 죄책감을 느끼는 사람이 적지 않습니다. 그것은 부모를 절대자로 보고, '부모에게 반항하는 사람은 불효자'라는 사고방식이 박혀 있기 때문입니다.

그렇지만 사실 부모가 절대자인 것도 아니고, 인격적으로 보면 매우 미숙한 경우도 많습니다. 엄마와 아빠에게 "당신은 훌륭한 인격자인가요?"라고 묻는다면 거의 대부분의 부모가 머리를 긁적일 것입니다.

만약 자신의 인격이 훌륭하다고 생각하는 부모가 있다면 그것은 우쭐한 자만심일 뿐, 자신의 마음을 솔직하게 들여다본다면 대부분은 아이에게 잔소리하며 잘난 척했던 것이 부끄러워질 것입니다.

그런 점에서 아츠시의 엄마에게는 저도 배울 점이 많았습니다. 아츠시의 엄마는 "사실 부모의 생각대로 되지 않는 게 자식이라는 존재잖아요. 그래서 저는 아츠시에게 전적으로 맡기는 거예요."라며, 부모가 멋대로 생각하는 '착한 아이'의 틀에 끼워 맞추려고 생각도 하지 않았습니다.

유치원을 선택할 때도 아이의 자발성을 키워주기 위해서 아이들이 자유롭게 놀 수 있는 곳으로 골랐습니다. 즉 초등학교에 들어가서 다른 아이들에게 뒤떨어지지 않도록 선행학습을 하는 유치원은 피했던 겁니다. 덕분에 아츠시의 자발성은 더욱 자라게 되었습니다. 즐거운 유치원 생활을 할 수 있었고, 초등학교에 들어가게 되었습니다.

그때 제가 부모님께 주의를 준 것은 초등학교 교사의 평가에 신경 쓰지 말라는 것이었습니다. 요즘 초등학교는 '내 말을

아이에게 맡겨라

잘 들어라'는 식의 많은 규칙을 만들어 놓고, 그 규칙을 지키지 않는 아이를 벌주는 식의 교육을 하기 때문입니다. 체벌을 하는 교사도 있습니다. 그런 교사가 체벌을 긍정하는 부모와 만나면 아이의 자발성에 압력이 가해집니다.

아동연구가조차도 자신의 아이에게 체벌을 가하고 있는 사람은 아무래도 체벌을 긍정적으로 평가하려고 합니다. 그런 자기 변호적인 아동연구가가 있는 한, 아이에 대한 체벌은 사라지지 않을 것입니다. 그러나 그들이야말로 체벌이 아이의 성장에 얼마나 큰 악영향을 미치는지 정확히 인식해야 합니다. 사춘기 전의 아이는 체력적으로 앞선 부모의 위협에 대항할 힘이 없지만, 체력이 강해지는 사춘기가 되면 가정 폭력이나 교내 폭력으로 표출되기 때문입니다. 억압된 감정은 반드시 분출구를 찾기 마련이니까요.

'야단치지 않는 교육'은 유전한다?

　　고등학교 2학년인 시즈코는 대학 진로에 대한 고민으로 아버지와 함께 저를 찾아왔습니다. 시즈코의 할아버지는 이미 돌아가셨지만, 저와는 오랜 친구 사이였습니다.

　　시즈코는 아동 연구를 하고 싶은데 어떤 공부를 해야 아이를 진정으로 이해하기 위한 연구를 할 수 있을지 물었습니다. 목적이 꽤 분명했으며 왜 아동 연구를 하고 싶은지 그 동기도 이야기해 주었습니다. 일단 제가 감동한 것은, 그런 말을 할 때 전혀 아버지의 눈치를 보지 않는 점이었습니다.

　　시즈코의 아버지는 내게 아동 연구 분야에 대해 많은 가르침을 부탁드린다는 인사만 했을 뿐, 모든 것을 시즈코에게 맡긴 것 같았습니다. 시즈코는 대학원에도 가고 싶다고 했는데, 그 말 역시 아버지는 잠자코 듣고만 있었습니다.

　　　　　　　　　　　　　　　　　　　　아이에게 맡겨라

제가 "그 부분은 아버지가 승낙하신 거니?"라고 물어보자, 시즈코의 얼굴에는 놀란 표정이 역력했습니다. 그것이 일일이 승낙을 받아야만 하는 일인가 싶었기 때문입니다. 그래도 저의 질문에는 답을 해야겠는지 "아빠 공부를 한다면 학비는 어떻게든 대주신다고 하셨고, 저도 아르바이트를 해서 보탤 생각이에요."라며 야무지게 대답했습니다.

우리나라에서는 여자아이가 자신이 하고 싶은 일을 부모에게 말하면 이런저런 압력을 가하는 게 현실입니다. 특히 혼기가 늦어진다는 이유로 학비를 대주지 않는 아버지도 많습니다. 경제적인 면에서 아이를 속박하면서 "내가 일해서 가족을 먹여 살리고, 학교도 보내주는 거야."라며 큰소리치는 사람마저 있습니다. 말로는 표현하지 않아도 속으로는 그렇게 생각하는 사람이 의외로 많습니다.

제가 시즈코의 아빠에게 "아버님도 별로 야단치지 않는 분이었는데, 자네도 그런 모양일세."라고 말을 건네자, 그는 빙그레 웃으며 고개를 끄덕였습니다. 그러자 시즈코가 "몇 번 있었잖아요. 중학교 때 손님 앞에서 다리를 꼬고 앉았다고 야단치셨잖아요. 그때 어찌나 놀랐는지 지금도 또렷이 기억이 나는걸요."라며 아빠를 쳐다보았습니다.

시즈코의 아빠는 전혀 기억 못하는 눈치였지만, 아이의 그런 자유로운 발언으로 미루어보아 야단치는 일이 거의 없으리라는 걸 알 수 있었습니다.

야단맞지 않고 자란 아이는 구김살 없이 자라며, 자발성도 발달합니다. 그리하여 인생을 자기 나름대로 설계하며 살아갈 수 있습니다. 시즈코의 아빠도 자기 나름의 인생행로를 설계하며 살아가고 있는데, 그것은 그를 키운 아버지가 아이를 야단치지 않는 사람이었기 때문입니다. 그는 "이왕 세상에 태어난 거 자신의 모습으로 살아야지. 그러기 위해서는 자기 나름대로 판단할 수 있게 맡겨두는 것이 중요하거든."이란 말을 하곤 했습니다.

이런 교육 방법은 부모에게서 자식으로, 자식에게서 손주에게로 이어지는 경향이 있습니다. 시즈코가 결혼을 하여 아이를 키우게 되어도 분명 너그럽고 자율적인 교육을 하게 되겠지요. 사실 저는 전혀 반대의 경우이긴 합니다. 아버지가 성급하고 화를 내는 일이 많은 탓에 집안에는 늘 긴장감이 감돌았습니다. 그래서 저는 아버지 같은 사람이 되고 싶지 않다고 생각했지요. 그런 반항심에서 야단치지 않는 사람이 되려고 했던 노력이 결실을 맺은 것입니다. 간혹 저와 같은 예도 있습니다.

   아이에게 맡겨라

왼손잡이는 느긋하게 대처

오늘날에도 아이가 '왼손잡이'인 것을 못마땅하게 여기며, 왼손잡이를 고쳐주려는 부모나 교사가 있어서 아이들을 힘들게 하고 있습니다. '왼손잡이'의 원인에 대해서는 아직 분명히 밝혀진 것이 없지만, 선천적으로 타고난 것이라 생각하면 됩니다. 통계자료에 의하면 4~7%가 '왼손잡이'로 태어나며, 24개월을 전후하여 그것은 분명해집니다.

'왼손잡이'에게도 정도의 차이는 있습니다. 강한 '왼손잡이' 아이와 오른손도 쓸 수 있지만 왼손을 더 능숙하게 쓰는 아이도 있지요. 양손잡이가 되면 편리합니다. 양쪽 손 모두 똑같이 멋지게 글씨를 쓸 수 있는 아이도 있습니다.

'왼손잡이'가 되면 사회에 나가 불편하지 않느냐는 질문을 받은 적이 있는데, 우리의 조사로는 그다지 많지 않습니다. 만약 불편한 도구가 있다면 '왼손잡이'용 도구를 만들면 됩니다. 야구선수 중에도 왼손잡이가 많은데, 그들이 쓰는 글러브는 왼손잡이용으로 만들어진 것입니다.

수저를 잡는 손과 글씨를 쓰는 손만큼은 오른손으로 바로 잡아주고 싶다고 말하는 부모들이 적지 않습니다. 그것은 남들 눈에 띄기 쉽고 보기 안 좋다는 생각에서 나오는 것일 테지요. 보기 안 좋다는 것은 세상 사람들을 의식한다는 말인데, 이 사회가 왼손잡이를 그 자체로 인정한다면 그런 걱정은 필요 없을 것입니다. 요즘은 세계적으로 왼손잡이가 늘어나는 추세이니 딱히 남의 눈 따위는 의식하지 않아도 될 것입니다. 게다가 가벼운 왼손잡이는 양손잡이나 오른손잡이가 될 수 있습니다.

왼손으로 글씨를 쓰면 혹여라도 거꾸로 된 글씨를 쓰게 될까 봐 걱정하는 부모가 많은데, 그런 걱정은 안 하셔도 됩니다. 오른손으로 글씨를 써도 거꾸로 쓰는 아이는 있습니다. 왼손잡이라고 글씨를 거꾸로 쓰는 일은 거의 없습니다.

젓가락 쥐는 법 같은 경우는 아이와 같은 쪽에 앉아서 부모가 시범을 보여주면 좋겠지요. 그것도 "이렇게 잡아야지."라고 명령하는 것이 아니라, 젓가락 잡은 손을 이리저리 움직여 보이면서 아이의 흥미를 끌어 아이가 흉내 내고 싶단 마음이 들도록 하면 됩니다.

서둘러 오른손잡이로 만들려고 하면 아무래도 아이를 몰아세우게 되어서 아이에게 저항감이 생기기 마련입니다. 일단 저항감이 생기면 교육은 괘도에 오르지 못합니다.

어떤 교육이라도 아이를 비난하거나 혼을 내면 그 일에 대해 아이는 점차 흥미를 잃고 불쾌감을 느끼게 됩니다. 왼손잡이를 고치는 일도 마찬가지입니다. 기회를 보아 반복하여 오른손을 사용하도록 시도하는 것이 중요합니다.

옛말에 '왼손잡이를 교정하면 말더듬이가 된다'는 말이 있는데, 과학적으로는 전혀 근거가 없습니다. 만일 그런 현상이 나타난다면, 그건 부모의 강한 압력으로 인한 스트레스에 의한 것일 뿐입니다. 말더듬이는 심리적인 압력에 의해 일어나는 경우가 적지 않기 때문입니다. 거듭 강조하지만, '왼손잡이' 아이에게는 느긋한 마음으로 대하는 것이 중요합니다.

나는 어떤 엄마? 

환갑을 넘기면서 외할아버지에 대한 추억이 새록새록 떠오르곤 합니다. 어머니도 별로 야단치지 않는 분이셨지만, 할아버지가 야단치는 모습은 본 적도 없습니다. 독실한 불교신자였던 할아버지는 언제나 '나무아미타불'을 암송하고 계셨는데, 저는 개구쟁이였던지라 할아버지의 '나무아미타불'에 맞춰 "살아있네, 살아있어." 하면서 장난을 쳤지만, 한 번도 화를 내신 적이 없습니다. 자신의 화를 삭이기 위하여 염불을 외우는 것처럼 보일 때도 있었습니다.

어느 날 저는 할아버지가 화내는 모습을 보고 싶다는 마음에 할아버지가 화를 내실만한 장난을 하나 생각해냈습니다. 우리 집에 오신 할아버지가 등나무의자에 기대어 머리를 뒤로 젖히고 낮잠을 주무시고 계셨는데, 입이 떡하니 벌어져 있었습니다. 저는 그때 마침 씹고 있던 껌을 동그랗게 말아 할아버지의 입속에 쏙 넣었습니다. 깜짝 놀라 일어난 할아버지는 서둘러 세면대에 가서 껌을 뱉고는 두세 번 입을 헹구더니 내겐 아무런 말도 없이 다시 자리로 돌아가 잠을 청했습니다. 야단맞을 각오로 했던 장난이 완전히 무시를 당해 실망스럽기는 했지만, 뭐라 표현할 수 없는 따뜻함을 지금도 생생하게 기억합니다.

사실 이 에피소드는 그날 이후 거의 잊고 있었는데, 최근 들어 그날의 기억이 아주 선명하게 제 마음에 새겨져 〈야단치지 않는 교육〉의 커다란 지지자가 되어주고 있습니다.

할아버지는 저를 아주 예뻐하셨는데, 연세가 드시면서는 저를 지팡이 삼아 여행하기를 즐기셨습니다. 그 행선지가 대부분은 불교에 관련된 곳이었지요. 저는 불교신자가 되지는 않았지만, 할아버지와 함께 불교성지를 다녔던 영향은 남아 있습니다. 아마도 어머니들에게 '자모(慈母)'가 되어 달라고 말하는 것도 그 영향의 하나일 겁니다.

자모는 아이를 따뜻하게 감싸줍니다. 옆에 있어주는 것만으로 아이의 마음을 편안하게 만드는 엄마가 자모입니다. 그런 엄마는 너그럽습니다. 너그럽다는 것은 아이가 하는 일에 대해 허용적이라는 의미입니다. 허용적이라는 것은 아이를 '야단치지 않는' 모습으로 나타납니다.

그 반대가 귀모(鬼母)입니다. 귀모는 옆에 가면 아이의 정서가 불안정해지는 엄마입니다. 그런 엄마는 자신의 생각대로 아이를 만들기 위해 교육을 서두르고, 교육을 서두르기 때문에 아이를 야단치는 일이 많아집니다. 아이가 좀처럼 부모의 뜻대로 되지 않기 때문이죠. 자기중심적로 대응하는 엄마 밑에서 자라면 아이의 정서가 불안정해져서 결국엔 여러 가지 문제행동을 일으키게 됩니다.

부디 너그럽고 따뜻하게 아이를 대하는 자모가 되도록 노력하십시오. 이는 아버지들에게도 똑같이 당부드리고 싶은 말입니다.

아주 작은 배려

'사랑의 매'라는 거짓말

30년 전부터 저는 〈야단치지 않는 교육〉을 제창해 왔습니다. 사실 '야단친다'는 행위는 '화'라는 원시적인 감정을 기반으로 하고 있으며, 자주 증오의 감정을 포함하고 있기 때문입니다. '화'라는 원시적인 감정은 동물과 같은 차원의 감정이기 때문에 인간의 차원으로 끌어올리려면 화를 내지 않기 위해 노력을 기울어야만 합니다. 더군다나 증오의 감정이 포함되어 있다면 야단친다는 행위는 용서할 수 없는 일이 됩니다.

아이에게 사람을 미워해서는 안 된다는 것을 가르쳐야 하는 부모와 교사가 증오를 가지고 아이를 야단친다면 용서할 수 없는 행위입니다. 부모들 중에는 아이를 야단칠 때 "너라는 애는 정말 꼴도 보기 싫어!"라며 노골적으로 말하는 사람이 있습니다. 솔직히 자신의 감정을 표현하는 거라고 할 수도 있지

만, 부모에게 미움을 받는 아이는 마음에 깊은 상처를 남기게
됩니다.

'칭찬하는 법, 야단치는 법' 같은 제목의 책이 몇 권이나 나
와 있고, 잡지 등에서도 자주 특집으로 기획되어 나옵니다. 그
가운데 한 아동심리학자가 '냉정하게 야단쳐라'라고 제안한 것
을 보았습니다. 그러나 냉정해지면 화를 낼 일이 없으니까 야
단치는 일 따위는 없을 겁니다. 그야말로 말도 안 되는 제안입
니다. 그 사람이 어떻게 냉정하게 자기 아이를 야단치는지 한
번 보고 싶다는 마음이 들 정도입니다.

야단치지 않는 부모와 교사가 되자고 제안하는 사람인만
큼 저는 체벌은 절대로 용서할 수 없는 행위라고 생각합니다.
체벌이란 강한 사람이 약한 사람에게 휘두르는 폭력이기 때문
입니다. 사춘기가 되기 전의 체력이 약한 아이는 부모나 교사
에게 폭력을 휘두르는 일이 거의 없으며, 그럴 수도 없습니다.

아이는 부모나 교사에게 무리한 요구를 강요받아도 견딜
수밖에 없으니, 그 고통을 이상행동으로 표현하게 됩니다. 그
런데 거기에 체벌이라는 폭력까지 더해진다면 아이의 인격형
성에 문제가 생기는 것은 당연한 일입니다.

그런데 어찌하여 우리나라의 부모들 중 70% 전후가 많든
적든 체벌을 긍정하고 있으며, 교사들도 그것을 합리화하고 있

　　　　　　　　　　　　　　　　아이에게 맡겨라

는 걸까요? 교육기본법에서도 체벌은 금지되어 있습니다. 그것은 아이의 인권을 지키기 위해서입니다.

법무성의 인권옹호국 주최 심포지엄에서 청중 가운데 한 어머니가 초등학교에서 교사에게 체벌을 당한 아이의 사례를 보고했습니다. 오랜 시간 인권옹호위원으로서 애써온 마츠시마 마사노리 씨는 그 보고를 듣고 '더욱더 많은 사례를 인권옹호위원에게 알려 달라'는 제안을 하여 박수갈채를 받았습니다.

지나치다 싶은 교사의 폭력이 '사랑의 매'라는 말을 방패 삼아 행해지고 있습니다. 사랑은 따뜻한 것이고, 너그러운 인격의 소유자에 의해 비로소 실현됩니다. 사랑이 있는 사람은 절대로 매를 들어 사람을 때리는 짓 따위는 할 수 없습니다. 매를 드는 사람은 화내기 쉬운 사람이며, 마음이 차가운 사람이라고 단언할 수 있습니다. 하루라도 빨리 체벌이 없는 가정과 학교, 그리고 사회를 만들고 싶습니다.

먹는 것이 느린 아이

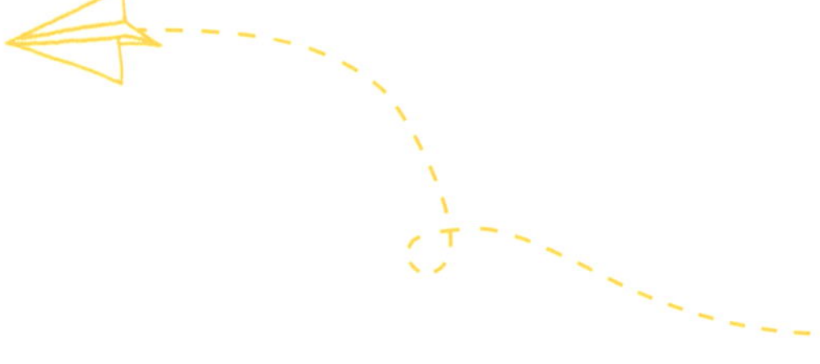

"유치원 선생님에게 아이가 급식 먹는 것이 늦어서 곤란하다는 말을 들었는데, 어떻게 하면 좋을까요?"라며 여섯 살 난 미호의 어머니가 상담을 하러 왔습니다. 집에서도 밥 먹는 데 시간은 걸리지만, 엄마로서는 크게 신경 쓰지 않았다고 합니다. 미호는 어려서부터 식사시간이 오래 걸리는 아이였기 때문이죠.

밥 먹는 데 시간이 걸리는 아이에게도 여러 가지 상태가 있습니다. 밥을 먹다 놀거리가 생각나서 그 놀이를 시작하느라 밥을 다 먹기까지 시간이 걸리는 아이도 있습니다. "밥 치운다!"라고 윽박지르면 식탁으로 돌아오지만, 장난감을 들고 오니까 다시 놀기 시작하곤 합니다.

그런 아이는 먹는 것에 의욕이 없는 것이니 강요하지 말고 "이제 그만 치우자."라며 식탁을 정리하도록 합시다. 치운 다음에 "더 먹을래."라며 떼를 쓰면 "이따가 많이 먹자." 하고 다독여 주면 됩니다. 어떻게든 먹이려고 '치운다'라는 말로 협박하는 것은 좋지 않습니다. 엄마의 말을 신뢰하지 않게 되기 때문입니다.

전반적으로 깨지락깨지락 먹는 아이는 진짜로 식욕이 없는 아이이며, 지금까지 식사를 강요받아왔기 때문에 밥 먹는 것 자체에 대한 의욕을 잃은 아이입니다. 아마도 이유기부터 그런 상태가 계속되었을 테고, 엄마는 어떻게든 많이 먹여서 발육이 좋은 아이로 만들고 싶었을 것입니다. 아이의 발육에는 개인차가 있어서 큰 아이가 있으면 작은 아이도 있는 법입니다. 많이 먹어야 빨리 클 수 있다며 먹지 않는 아이에게 먹기를 강요하는 엄마는, 발육의 '개성'이란 것을 모르거나 육아서의 평균치에 목을 매고 있든가 둘 중의 하나입니다.

또한 식사의 양에도 개인차가 있어서 많이 먹는 아이가 있는가 하면 조금만 먹어도 충분한 아이도 있습니다. 몸집이 작고 먹는 양도 적은 아이가 있지만, 그런 아이가 의외로 병에 잘 걸리지 않는 법입니다. 그런 아이에게 밥을 많이 먹이려고 하면 밥 먹는 것 자체에 흥미를 잃고 맙니다. 오히려 경제적인 아이라고 속 편하게 생각하고, 소량이라도 영양소의 균형을 생각해서 주는 것이 좋습니다.

어쨌든 식사에 대해 "먹어라, 먹어라!"라며 강요당한 아이는 먹는 것에 대한 의욕이 적으니 강요하지 말고, 자발성을 키우는 일부터 시작하는 것이 바람직합니다. 강요하지 말고 자발성을 키우면, 먹는 것에 대한 아이 나름대로의 의욕이 생깁니다.

문제가 되는 것은, 우리나라의 어른 중에는 너무 빨리 먹는 사람이 적지 않다는 사실입니다. 그런 어른은 그저 배를 채우기 위한 식사를 하기 때문에 식탁의 단란함을 생각하지 않습니다. 아이가 늦게 먹는다고 불평을 하는 보모는 식탁에서의 즐거운 시간보다는 그저 빨리 식탁을 치우고 싶다는 생각만 하는 사람입니다. 엄마나 아빠 중에도 그런 사람이 있습니다.

저는 천천히 식사를 하면서 이런저런 대화로 이야기꽃을 피우는 것이 인간관계를 가깝게 만드는 식사문화라고 생각합니다.

# 말없는 아이

사춘기를 지나면서 등교거부를 하거나 신경증이나 심신증, 나아가 정신병 같은 반응을 일으키는 아이들은, 이미 유아기나 초등학교 저학년 때 그 전조라 할 수 있는 몇 가지 행동을 보입니다. 그러나 대부분은 딱히 부모를 곤란하게 만드는 행동이 아니기 때문에 그저 무심코 지나치는 경우가 많습니다. 오히려 말 잘 듣는 '착한 아이'의 일면이라고 생각하는 부모도 있습니다.

그중 하나가 '말이 없는' 것입니다. 언어 발달에 대한 지식을 가지고 있는 사람이라면, 아이가 만 세 살이 넘으면 '수다쟁이'가 되어 시끄러울 정도로 말을 걸며 이것저것 질문을 쏟아낸다는 사실을 잘 알 것입니다. 그런 아이의 행동에 잘 반응해 주어야 언어도 발달하고 정신도 안정되어 구김살 없는 아이로 자라납니다. 즉 아이가 수다쟁이가 된다는 것은, 자기표현이 풍부해지고 자기실현에 적극적이 되었다는 증거이며, 자발성의 발달이 순조롭게 이루어지고 있다는 증거입니다.

그러니 아이가 '말이 없는' 것은 그야말로 큰 문제입니다. '말없는' 아이를 만드는 데는 두 가지 원인이 있습니다.

그중 하나는, 아이가 무언가 말을 하면 그 단어에 대해 주의를 주거나 간섭을 하였기 때문입니다. 결국 아이는 단어를 말하는 것에 경계심이 아주 강해진 것이죠. 그런 아이의 부모는 자기 멋대로, 즉 아이의 발달 과정 따위는 무시하고 '착한 아이'의 틀에 아이를 가두려는 '교육'을 강행합니다.

그리고는 자신의 생각대로 아이가 행동하지 않으면 야단치는 일이 많습니다. 아이는 얌전해지고 말이 없어집니다. 그것은 엄한 부모 앞에서 위축되어 버렸기 때문입니다. 표정도 별로 없고, 큰소리로 웃거나 자지러지듯 울지도 못합니다.

'말없는' 아이가 된 또 하나의 원인은, 아기였을 때부터 어르고 안아주는 일이 적었기 때문입니다. 유아기 후반이 되어 터져 나왔어야 할 아기말은 늘지 않고, 그 이후의 언어 발달도 뒤처집니다. 언어 발달은 주위 사람들이 즐겁게 말을 걸어줌으로써 실현되는 것이기 때문에, 말을 걸어주지 않으면 발달이 늦어지는 것은 당연한 일입니다.

　　　　　　　　　　　　　　　아이에게 맡겨라

말이 없고 표정도 풍부하지 않은 아이가 있다면 이미 정서가 메말라 있다고 보아야 합니다. 그런 아이에게는 자유롭게 이야기할 수 있는 환경을 만들어주어야 합니다. 즉 아이가 어떤 단어를 사용해도, 어떤 내용의 이야기를 해도 주의를 준다거나 나무라지 않는 분위기를 만드는 것이 중요합니다.

그런 분위기 안에 아이를 두면 처음에는 경계심에서 별로 말이 없지만, 시간이 좀 지나면 경계심을 풀고 '수다쟁이'가 됩니다. 그러면서 동시에 표정도 풍부해지고 웃거나 울면서 자기의 정서를 표현하게 됩니다. 그렇게 되기까지는 모든 '교육'을 덮고 야단치는 일이 없어야 합니다.

'말없는' 아이는 유치원에 들어가도 친구가 생기지 않습니다. 친구를 사귀는 능력은 자발성의 발달에 의해 키워지기 때문이죠. 자발성이 발달해 있는 아이는 생기가 넘치고, 생동감이야말로 아이들을 빛나게 만드니까요.

'나중에'라고 한 약속은 꼭 지킨다 

다섯 살이 되어도, 여섯 살이 되어도 일단 조르기 시작하면 막무가내여서 아무리 "지금은 안 돼!"라고 말해도 듣지 않는 아이가 있습니다. 결국에는 "정말 못 말리는 애네."라며 큰소리로 혼을 내거나 때리는 것으로 끝나기 십상입니다.

요시오는 과자가 먹고 싶어지면 과자가 손에 들어올 때까지 "주세요, 주세요!" 하면서 엄마를 쫓아다닙니다. 요즘 들어 엄마는 요시오의 그런 행동을 더 이상 참지 못하고 매를 드는 일이 많아졌습니다. "정말 못됐구나!"라며 비난의 말을 내뱉는 날도 있습니다. 그런 '나쁜 아이'가 된 것은 아이 자신의 문제라고 생각하기 때문입니다.

그러나 그런 아이가 된 원인은 두 살 무렵의 엄마의 육아법에 그 뿌리를 두고 있습니다. 간식시간도 아닌데 과자를 달

아이에게 맡겨라

라고 조르면 엄마는 어떻게 할까요? 일단은 "간식시간에 먹자."
라고 타이를 것입니다. 그러나 아이는 아직 자기중심적인 나이
이기 때문에 일단 먹고 싶은 것이 있으면 참지 못하고 울기 시
작하겠지요.

아이가 울면서 뭔가를 갖고 싶어할 때 그것을 쥐어주면 떼
쟁이가 된다는 사실은 누구나 알고 있습니다. 그러니 아무리
울어도 "나중에 줄게!"라고 거절하겠지요. 하지만 그 나이의 아
이는 큰소리로 울거나 머리를 바닥에 찧으며 자기 분을 이기지
못하는 경우가 많습니다. 그때 엄마는 어떻게 했을까요?

시끄러운 게 싫거나, 혹은 아이가 가여워져서 "한 개만이
야!"라며 과자를 쥐어주진 않았을까요? 이런 일이 있으면 아이
는 엄마의 첫 번째 말을 믿지 않게 됩니다. 엄마가 "간식시간에
먹자."라고 해도 자기가 울기만 하면 원하는 것을 손에 넣을 수
있다고 생각하게 됩니다. 그것을 반복하는 동안에 하나를 먹은
다음에도 더 먹고 싶으면 울며 악을 쓰게 되는 겁니다.

즉, 엄마 자신이 스스로 한 말을 지키지 않은 것이 아이를
끈질기게 떼쓰는 아이로 만들어버린 것이지, 아이 스스로 '나
쁜 아이'가 된 것은 아닙니다.

아이에게 신뢰받는 부모가 되기 위해서는 부모 자신이 스
스로 한 말을 지켜야 합니다.

　요시오가 점점 말귀를 알아듣는 아이로 변한 것은, 엄마가 '나중에'라고 한 말을 끝까지 지키게 되었기 때문이었습니다. 아무리 끈질기게 조르고 큰소리로 울며불며 떼를 써도 야단치지 않고 "나중에!"를 반복하여 아이의 요구에 지지 않는 태도를 보임으로써 아이에게 신뢰받는 부모가 된 것입니다.

　아이는 스스로 '나쁜 아이'가 되려고 하지는 않습니다. '나쁜 아이'가 되는 것은 모두 그때까지의 부모나 가족의 잘못된 태도 때문입니다. 그러므로 아이가 문제행동을 보인다면, 아이를 야단치거나 때려서 고치려고 할 것이 아니라, 부모 스스로 반성하는 마음을 지녀야 할 것입니다.

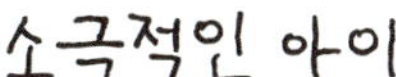

소극적인 아이

　여섯 살짜리 남자아이를 데려온 어머니가 "소극적인 성격 때문에 걱정이에요."라며 상담을 청했습니다.

　우리는 아이가 있는 앞에서는 절대로 아이의 험담을 듣지 않습니다. 어머니에게 아이의 험담을 들으면, 아이는 우리가 엄마와 한패가 될 것이라고 생각해서 우리에게 적의를 품는 일마저 있기 때문입니다. 반드시 아이는 놀이방에서 놀게 한 다음, 어머니에게 천천히 아이의 문제에 대한 이야기를 듣습니다.

　어머니가 아이가 있는 앞에서 아이의 문제(험담)를 이야기하려고 했기 때문에 저는 급히 눈짓으로 어머니의 말을 막고 아이 쪽으로 눈을 돌렸습니다. 그리고는 "토시요는 먹는 것 중에 뭘 제일 좋아하니?" 하고 물어보았습니다. 먹을거리에 대해 이야기가 아이의 마음에 상처를 주지 않는 무난한 질문인 경우가 많기 때문입니다. 하지만 토시요는 고개를 갸웃거릴 뿐 대답하려고 하지 않았습니다.

그럴 때 저는 결코 대답을 재촉하지 않습니다. 아이가 대답할 때까지 기다리거나, 대답하지 않으면 그것이 그 아이의 모습이라고 받아들이기 때문에 그저 미소를 띤 채 아이의 모습을 바라보고 있었습니다.

사실 나 자신도 다른 사람에게 "선생님은 어떤 음식을 좋아하십니까?"란 질문을 받으면 곤란해 하는 편입니다. 돈카츠라고 대답할까 싶다가도 지난번에 먹은 질긴 돈카츠가 생각나서 쉽게 대답을 못합니다. 그렇다고 다른 걸 생각하는 것도 귀찮고, 특별히 가리는 것도 없고 해서 "맛있는 거라면 뭐든지 잘 먹습니다."라고 대답합니다. 하지만 그 대답을 들은 상대는 제게 무엇을 대접해야 하나 난감한 얼굴이 됩니다.

토시요는 지금 내 질문에 '뭐라고 말할까' 생각하며 우물쭈물하고 있는 겁니다. 어머니의 얼굴을 보니 짜증스러운 기색이 완연했습니다. 입술까지 실룩거리던 어머니는 결국 참지 못하고 "토시오, 네가 좋아하는 거 있잖아!" 하고 끼어들었습니다. 그 목소리에는 비난의 울림이 묻어났습니다. 이런 엄마는 간섭이 심하거나 과보호이거나, 둘 다일 가능성도 있습니다.

엄마의 말에 토시요는 생각할 의욕을 잃어버린 것 같았습

　　　　　　　　아이에게 맡겨라

니다. 그때 어머니가 "토시요가 좋아하는 건 카레라이스잖아."
라고 대답을 해버렸습니다. 엄마의 대답에 토시요의 얼굴에는
한숨 돌린 표정이 떠올랐지만, 분명 자발성에는 압력이 가해졌
을 겁니다. 그래서 소극적인 성격이 된 것입니다.

아이가 받은 질문을 아이 스스로 생각해서 답하게 만들려
면 엄마가 끼어들어서는 안 됩니다. 토시요의 어머니처럼 토시
요 대신 엄마가 답을 해버리면 아이는 소극적인 성격에서 빠져
나오지 못합니다. 아이는 엄마에게 의존하며, 자기가 대답하지
않아도 엄마가 해줄 것을 기다리게 됩니다.

아이의 소극적인 성격은 엄마와 아빠가
만들어냅니다. 이것저것 잔소리를 늘어놓거
나 자신이 나서서 도와주지 말고, 아이에게
일단 맡기고 기다려주어야 할 것입니다.

엄마는 도우미? 

　유럽에서는 전철이나 버스 안이 혼잡해지면 반드시 네 살 미만의 아이는 부모의 무릎에 앉히고, 그 이상의 아이는 엄마 옆에 세웁니다. 유아는 운임을 내지 않기 때문이기도 하지만, 아이에게 그 정도의 체력은 있다는 신뢰감 때문입니다.

　대여섯 살 이상의 아이들과 지내다 보면, 정말로 그들의 체력에 새삼 놀라게 됩니다. 일단 쉬지 않고 뛰어다니고, 먼 길도 걸어갈 수 있습니다. 흔들리는 버스 안에서도 손잡이만 붙잡고 있으면 서 있어도 균형을 잡을 수 있습니다. 아마도 운동 따위는 잊고 사는 엄마보다도 체력에서는 뒤지지 않을 것입니다. 등산을 데리고 가도 "아, 힘들어!"라고 말할 때도 있지만, 집에 돌아오면 또다시 쿵쾅거리며 뛰어다닙니다. 부모는 걸어다닐 기운도 없는데 말입니다.

그런 체력이 있는 아이를 우리나라에서는 부모보다 우선하여 앉히는 사람들이 적지 않습니다. 아이를 앉히고 부모가 서 있는 겁니다. 아이를 소중히 여기는 마음에서 하는 일이겠지만, 실은 아이를 얕잡아보는 교육방법일 뿐입니다. 즉 과보호인 것이죠. 이렇게 자란 아이는 의존성이 강하며, 엄마를 자신에게 봉사하는 존재라고 믿게 됩니다.

아이는 사춘기 이후 체력이 강해지고 엄마의 체력은 세월에 따라 약해졌을 때라도, 아이는 엄마를 도우미처럼 생각해서 부려먹으려고 합니다. 아빠가 엄마를 부려먹는 모습을 보고 자란 경우, 남자아이라면 더욱 엄마를 부려먹으려고 하죠.

얼마 전에도 버스에서 그런 모자를 발견했습니다. 고등학생으로 보이는 남학생과 엄마가 함께 버스에 탔는데, 빈자리는 하나뿐이었습니다. 어떻게 하나 보고 있었더니, 어머니가 아들을 앉히고 자기는 손잡이를 잡고 그 앞에 서는 게 아닙니까! 그 머리에는 희끗희끗 흰머리가 섞여 있었습니다. 엄마를 세워둔 채 태연한 얼굴로 앉아 있는 아이는 과보호로 자란 것이 틀림없습니다.

이런 아이는 자기중심적이어서 배려라는 것을 모릅니다. 앞으로의 펼쳐질 날들에서도 자기 마음대로 되지 않으면 엄마에게 폭력을 휘두를지도 모릅니다.

　구미에서는 적은 가정 내 폭력이 오히려 우리나라에서는 심심치 않게 일어나고 있으니, 어쩌면 가정 내 폭력은 우리나라의 독특한 현상이라고 해도 좋을 정도입니다. 게다가 그 폭력의 대부분은 엄마에게로 향하며, 특히 등교거부아의 폭력은 무섭습니다. 폭력을 휘두르는 아이의 어린 시절을 자세히 살펴보면, 공부나 행동에는 간섭이 많았지만 생활에서는 과보호를 받아온 경우가 많습니다. 결국 아이를 위해 부모가 희생하며 살아온 것이지요.

　고등학생이 되어도 삶은 계란 껍질을 벗겨주는 엄마도 있고, 생선가시를 발라서 밥 위에 얹어주는 엄마도 있습니다. 하나를 보면 열을 안다고, 어렸을 때도 버스나 전철을 타면 먼저 아이를 앉혔겠죠. 물론 엄마는 아이를 위해 한 일이었겠지만, 아이는 자기중심적인지라 결국 '배려'를 모르는 아이로 자라고 맙니다.

　　　　　　　　　　　　　　아이에게 맡겨라

교육이 낳은 노이로제

등교거부를 하기 시작하면 정리정돈이란 건 전혀 안 하게 됩니다. 그래서 아이의 방은 발 디딜 틈이 없을 정도로 어질러져서 먼지가 풀풀 날리는 상황이 되죠. 엄마는 "어렸을 때는 정리도 잘했는데, 왜 저렇게 된 건지…."라며 답답한 마음에 혼잣말을 하겠지만, 어렸을 때 정리정돈을 잘한 것은 엄마의 명령에 복종한 것에 지나지 않습니다. '말 잘 듣는 아이'였던 것은 부모에게 혼나는 것이 싫고 칭찬받고 싶었기 때문이지, 아이의 자주적인 행동은 아니었던 겁니다. '말 잘 듣는 아이'의 위험성은 여기에 있습니다.

우리가 초등학생을 대상으로 매년 실시하고 있는 여름 캠프에 참가한 4학년 소녀가 생각납니다. 밤이 되면 침대에 시트를 까는데, 그 소녀는 어느 샌가 시트 지킴이가 되어 있었습니다. 다른 아이들이 깔아놓은 시트 위를 뛰어다니며 발자국을 남기기 때문이었습니다. 시트에 발자국이 생기는 게 신경이 쓰였는지, 소녀는 발자국이 생길 때마다 시트를 잡아당겨 자국을 없앴습니다. 이미 노이로제가 시작되었다고 해도 좋을 정도라서, 이 상태로 사춘기를 맞으면 완전히 강박신경증이 될 게 뻔했습니다.

이쯤 되면 제가 가정방문을 하여 어머니와 조심스레 이야기를 나눌 필요가 있었습니다. 소녀의 집을 방문하여 보니, 그야말로 깔끔하게 정리가 되어 있었습니다. 방 안에 들어서기가 망설여질 정도였습니다.

마침 아버지도 집에 돌아오셔서 시간을 두고 이야기할 기회를 가졌습니다. 아버지도 집에 들어오면 숨이 막힌다고 했습니다. 신문을 읽다 그대로 두고 화장실에 다녀오면 아내가 이미 신문을 접어서 신문 두는 자리에 갖다놓는다고 합니다. 그러니 집에 들어오는 것이 왠지 불편해 퇴근길에 포장마차에 들러 한잔하게 된다고 합니다.

그렇다면 어머니는 왜 그렇게 된 것일까요? 그 원인은 어머니를 키워준 할머니에게 있었습니다. 딸을 어엿하게 키우고 싶었던 할머니는 정리정돈을 잘하는 여성으로 만들어낸 것입니다.

                                      아이에게 맡겨라

현명한 어머니는 저와 면담을 하면서 자기의 교육법에 문제가 있다는 것을 알아차렸습니다. 그리고 집 안이 어질러져 있어도 그것을 치우지 않도록 노력했고, 정원을 맨발로 돌아다니기도 했습니다. 그런 엄마의 모습을 본 소녀는 처음에는 낯설어했지만 점차 정리정돈을 못하는 아이, 정원에 나가 흙투성이로 노는 아이로 변해갔습니다.

다음해 캠프에 참가한 소녀는 완전히 달려져 있었습니다. 아무런 거리낌 없이 흙투성이가 되어 친구들과 신나게 노는 아이로 변해 있었던 겁니다. 표정도 아주 밝아졌습니다.

정리정돈을 잘하는 아이로 키우기 전에 신나게 놀 줄 아는 아이로 키우는 것이 중요합니다. 물론 그러다 보면 정리정돈을 전혀 못하는 경우도 생기겠지요. 그럴 경우에는 엄마가 도와주면서 정리정돈을 하고 나면 얼마나 기분이 좋아지는지를 가르쳐주면 됩니다.

신나게 놀 줄 아는 아이가 앞으로의 인생 또한 즐겁게 사는 어른이 되는 법입니다.

스킨십이 적었던 아이

　　초등학생을 대상으로 한 우리의 여름 캠프에서는, 아이가 몸을 부비며 어리광을 부리면 반드시 받아주도록 합니다. 그러다 보니 업거나 안아주는 것은 물론, 같이 잠을 자는 경우도 있습니다. 그런 행동들을 통하여 지금까지의 모자관계를 추측할 수 있기 때문입니다. 매년 캠프 기간 중 대부분의 시간을 안기거나 업혀서 보내는 아이가 대여섯 명은 됩니다.

　　스스무는 벌써 5학년이나 되었건만 툭하면 여선생님들에게 업어달라고 조릅니다. 그것을 받아주는 사람이라면 누구라도 상관없습니다. 하지만 몸집이 크기 때문에 무거워서 "힘드니까 그만 내리자."라고 해도 좀처럼 내려오지 않습니다. 받치고 있던 손을 떼면 대롱대롱 매달립니다. 그러다 결국 미끄러져 내려오는데, 그럴 때면 여선생님의 옆구리를 꼬집고 달아납

　　　　　　　　　　　　　아이에게 맡겨라

니다. 자신의 요구를 들어주지 않은 것에 대한 적의의 표현인 것입니다. 표정도 경직되어 있는 걸 보면, 지금까지의 모자관계 속에서 정서적인 교류가 적었음을 추정할 수 있습니다.

말하자면, 스스무는 정서적인 인간관계에 집착을 보이며 끊임없이 스킨십을 요구하고 있는 것입니다. 우리는 무리를 해서라도 그 요구에 응해주고 싶은 마음이 듭니다. 그렇지 않으면 정서가 메마른 청년으로 성장할까 걱정이 되기 때문입니다. 정서가 메마른 사람에게는 '배려'가 싹트지 않기 때문에 타인에게 상처를 줄 수도 있습니다. 금속 야구방망이로 부모를 살해한 청년에게는 '정서결핍증'이라는 진단이 내려졌습니다.

스스무가 어른의 등에서 내려온 뒤 보이지 않아 찾아보면, 꼭 장애가 있는 아이를 사람이 없는 곳으로 데리고 가 괴롭히고 있습니다. 우리 캠프에는 장애아들도 참가하고 있는데, 그 아이들을 스스무가 괴롭히는 것입니다. 약한 아이들이기 때문에 괴롭혀도 저항하지 못합니다. 그래서 스스무의 모습이 보이지 않으면 모두들 스스무를 찾느라 바삐 돌아다닙니다. 스스무의 정서는 이미 메말라 있는 상태라서 우리는 최선을 다해 스스무가 몸으로 부리는 어리광을 받아주려고 노력했습니다.

캠프가 끝나고 스스무의 어머니를 만나 어린 시절의 이야기를 들어보니 스킨십이 아주 적었던 사실이 확실해졌습니다.

그래서 스킨십을 자주 하도록 제안을 했지만, 아이를 별로 좋아하지 않는다는 대답이 돌아왔습니다. 특히 학교에서 문제를 일으켜 선생님에게 지적을 당한 후로는 더욱 그 마음이 강해졌다고 합니다. 카운슬링을 받도록 권하자 처음에는 응하는 듯하였으나, 약속한 당일에 취소를 하는 등 열성을 보이지 않고 서너 번에 그치고 말았습니다.

이런 어머니에게는 어떻게 대응해야 좋을까요? 물론 그 어머니에게도 나름의 불행한 사정이 있을 것입니다. 하지만 아이를 그대로 둘 수는 없는 노릇입니다. 이런 아이는 따뜻한 마음을 가진 양부모에게 부탁하는 수밖에 없는 것 같은데, 그것은 친부모가 허락하지 않겠지요. 저로서도 아직은 뾰족한 수가 떠오르지 않습니다.

비난의 말이 주는 상처

엄마나 아빠도 남들에게 비난을 받으면 결코 기분이 좋지 않을 것입니다. 엄마가 설거지를 하다가 접시라도 깼을 때 아빠가 "또 깼어?"라든가 "칠칠치 못하게!"라며 비난한다면 어떤 기분이 될까요? '나는 안 돼!'라며 열등감을 느끼거나 '그렇게 심한 말까지 할 필욘 없잖아!' 하고 생각할 겁니다.

아빠가 물건을 망가뜨렸을 때 엄마가 "그러면 어떡해!" 하고 비난한다면, 아빠는 자기가 한 일은 잊고 화부터 낼지 모릅니다. 타인의 실패를 비난하는 말은 결코 바람직한 것이 아닙니다.

그럼에도 불구하고 부모들은 자신의 아이들에게 비난의 말을 하는 경우가 많습니다. 부모로서는 아이를 바르게 만들려고 하는 말이겠지만, 비난당한 아이는 그로 인하여 열등감을 갖게 되거나 반발심을 느낄 뿐, 스스로 잘해보려고 생각하는 경우는 극히 드뭅니다.

5학년생인 유타카는 "난 안 돼!"라는 말을 내뱉는 일이 많아졌습니다. 엄마와 아빠에게 들은 비난의 말들 탓에 열등감이 강해졌기 때문입니다.

그런데도 엄마는 "무슨 애가 저렇게 의욕이 없담." 하며 더욱 유타카를 비난합니다. "좀 더 제대로 못 하겠니!"라든가 "커서 고생해도 엄마는 모른다!"라며 협박도 합니다. 그래서야 점점 더 열등감이 강해질 뿐입니다.

유타카의 어머니가 아들이 걱정되어 저에게 상담하러 왔을 때는, 이미 유타카의 열등감이 꽤나 강해져 있었습니다. 저는 유타카의 장점이 무엇인지를 물었습니다. 아이의 장점을 발견하여 키워주는 것이 교육이기 때문입니다. 저는 교육이란 '장점'의 발견에 있다고 생각하고 있습니다.

어머니는 잠시 생각하더니 "친구들과 잘 놀아요."라고 대답했습니다. 그리고는 친구들과 자주 어울리는 모습을 설명해 주었습니다.

"정말 멋진 일이군요." 하고 저는 외쳤습니다. "친구들과 어울려 잘 노는 아이는 사회에 나가서도 풍요로운 삶을 살 수 있습니다."라고 덧붙였습니다. 풍요로운 삶이란 타인과의 관계를

　　　　　　　　　　　　　아이에게 맡겨라

즐기는 인생입니다. 그것은 타인을 즐겁게 하는 능력이 있다는 것을 의미합니다.

그 말을 듣자 어머니도 이해를 하고 미소를 지었습니다. 그리고는 "눈앞에 보이는 것에만 눈이 멀어 아이를 다그친 적이 많았던 저를 반성해야겠어요."라고 고백했습니다. 그 후 카운슬링은 계속되었습니다.

중학교 2학년이 된 유타카는 생활에 자신감을 되찾았습니다. 자기 나름의 계획을 세워서 학교생활도 즐기게 되었고, 학교에서의 성적에 그다지 연연하지 않고 자신의 취미를 즐기는 아이로 변했습니다. 생활에 자신감과 즐거움을 찾은 유타카는 시간이 지나자 성적까지 올랐습니다.

전혀 도움이 안 되는 '너를 위하여'

　야단칠 때에는 반드시 '분노'라는 원시감정이 바탕에 깔려 있습니다. "다 너를 위해서 그러는 거야."라고 말하면서 아이를 혼내는 부모가 많은데, 아이에게 무엇을 바라고 '위해서'라는 말을 사용하는 것인지 충분히 생각해 볼 필요가 있습니다.

　무엇이 아이를 '위한' 일인가요? 아이를 엘리트 코스에 올려놓으려고 하거나, 남들의 평가가 신경이 쓰여서, 또는 부모가 멋대로 생각한 '착한 아이'의 틀에 끼워 넣으려고 한 것이 아닌가요? 게다가 남편과의 관계가 원만하지 않을 때, 아이의 작은 행동에 발끈해 야단을 치고 있지는 않나요? 아이를 야단칠 때의 상황을 어머니들에게 들어보면, 대부분은 아이를 '위한' 것이 아닌 경우가 많습니다.

　어머니도 남편이 아이를 혼내는 모습을 보면 '뭐 저런 걸

　　　　　　　　　　　　　　　아이에게 맡겨라

로 아이를 야단치고 그래.'라든가 '그렇게 혼내지 않아도 될 텐데.'라고 생각하는 일이 많을 것입니다. 아버지도 아이를 야단치고 있는 엄마를 보면서 '별것도 아닌 일 가지고 아이를 왜 저렇게 혼낸담.' 하며 불쾌해지곤 할 겁니다.

엄마 자신, 아빠 자신이 웃어른께 혼났던 때를 떠올려보면 좋을 것입니다. 그분들도 "너를 위해서!"라며 야단치는 일이 적지 않았지만, 그렇게 야단맞은 일 중에서 정말로 자신을 '위한' 일이 있었는지 떠올려보십시오. 상대가 일방적으로 야단치는 것일 뿐 이쪽의 입장은 조금도 생각해 주지 않았던 경우가 많았을 것입니다.

아빠가 엄마에게 화를 내는 경우도 마찬가지입니다. 엄마가 자신의 입장을 설명이라도 할라치면 "변명 늘어놓지 마!"라며 소리치는 아빠도 있을 겁니다. 그 결과 부부싸움으로 번지는 일도 있지요.

어떤 식이로든 가족 중에 '화'를 자주 내는 사람이 있으면 가정이 어두워집니다. 아빠가 귀가하는 것만으로 순식간에 분위기가 달라지는 집도 있습니다.

고등학생이 되어 학습의욕을 잃었다며 상담실을 찾은 이치로는 어렸을 때부터 아빠에게 혼나는 일이 많았다고 합니다. 그래서 나이가 많은 남자를 만나면 긴장을 많이 하게 되고, 눈도 마주치지 못하게 되었습니다. 게다가 생활 전반에 의욕을 잃어서 그것이 학습에도 영향을 미치게 된 것입니다. 그런데도 아빠는 "좀 더 의욕적으로 공부해야지!", "근성이 없는 놈은 사회에 나가봤자 좌절만 할 뿐이야!"라며 매일같이 야단을 치고 있었습니다.

이치로는 카운슬링을 거듭하면서 아빠에게 야단을 맞아 얼마나 괴로웠는지를 저에게 말할 수 있게 되자, 조금씩 의욕도 되살아났습니다.

감정의 억압이 작아지면 의욕이 생깁니다. 의욕을 빼앗아가는 감정의 억압은 화내는 일이 많은 권위적인 아빠에 의해 생기는 경우가 많습니다.

# 아이가 집을 뛰쳐나갈 때

한 어머니가 아들이 고등학교에 들어가더니 이상해졌다며 제게 상담을 요청했습니다.

"고등학생이 되더니 학습의욕을 잃었는지 공부는 하나도 안 하고, 그냥 책가방만 들고 왔다갔다하고 있어요. 집에는 말도 없이 자꾸 외박이나 하고…. 친구들과 밤새 게임 같은 걸 하나 봐요."

저는 먼저 아이의 어렸을 때 모습을 물어보았습니다. 아버지가 예의범절을 중요시 여기는 분이라 아이의 젓가락 잡는 법까지 간섭을 했고, 어머니도 아버지의 방침을 따라야만 했다고 합니다. 그 결과, 동네에서도 부모의 말을 잘 듣는 예의 바른 아이라고 칭찬이 자자했고, 비교적 엄한 편인 유치원의 선생님에게도 '착한 아이'라는 평가를 받았다고 합니다.

‘어리광을 받아주면 안 된다’는 아버지의 방침대로 무릎에 앉히는 따위의 스킨십은 거의 없었고, 아이도 그것을 원하지 않았다고 합니다. 즉 어머니와의 사이에 정서적인 유대관계가 성립되지 않아서, 엄마의 따뜻한 이미지가 아이의 마음에는 새겨져 있지 않았던 것입니다.

이런 아이에게 무엇보다 중요한 것은, 따뜻한 집안 분위기를 만들어주는 일입니다. 그러나 아버지는 아이가 외박을 하고 들어오면 “어딜 갔다 이제 오는 게야!”라고 고함부터 치고, “불효막심한 놈!”이라며 책망을 서슴지 않았습니다. 왜 아이가 집을 멀리하는지, 그 원인이 자기에게 있다고는 꿈에도 생각지 않았습니다.

따뜻한 집안 분위기를 만들어 ‘역시 집은 좋은 곳이야!’라는 마음을 키워주지 않으면, 아이는 가정으로 돌아오지 않습니다. 그래서 저는 우선 어머니에게 철저하게 어리광을 받아주도록 제안했습니다. 물론 말이 어리광을 받아주는 것이지, 집에 돌아오면 절대로 야단치지 말고 “어서 오렴.” 하고 마음으로 맞아주도록 노력하고, 좋아하는 음식을 내놓는다든지, 목욕물을 받아주고 새 속옷을 챙겨주는 등 마음을 써주는 일입니다.

이런 엄마의 노력에 아이는 어떤 반응을 보였을까요? 처음에는 완전히 무시하는 태도를 보이며 정성껏 차린 밥상을 엎기까지 하여 어머니는 너무 슬펐다고 합니다. 아마도 아이는 분명 부모의 마음을 시험하고 있었던 겁니다.

그러나 6개월이 지나고 1년이 지나자 점점 집에 있는 날이 많아지고, 밥상 앞에서 엄마에게 "맛있네!"라는 말도 하게 되었습니다. 물론 그 사이 이따금 부모를 걱정시키는 일도 있었지만, '다 내 잘못인걸.' 싶은 마음에 아이를 탓하지 않고 어머니는 아이를 위해 최선을 다했습니다. 피곤하다고 하면 어깨를 주물러준다든가, 무릎베개를 하고 귀청소를 해주는 등의 스킨십도 커다란 효과가 있었습니다.

3년이 지나자 아이는 드디어 가정에 정착하게 되었고, 노는 친구들과도 관계를 끊었습니다. 그리고는 스스로 야간 고등학교에 들어가 낮에는 아르바이트를 하며 학비를 버는 훌륭한 청년이 되었습니다.

어머니는 어린 시절의 엄한 교육이 아이의 정서 발달에 얼마나 큰 방해가 되는지, 배려를 모르는 아이로 만드는지를 뼈저리게 느꼈다고 합니다. 교육보다도 따뜻한 가정을 만드는 일이 훨씬 더 중요하다는 사실을 몸소 체험한 것이지요.

외박하는 딸 

　미치코는 중학교 2학년쯤부터 엄마에게 대들고 사사건건 반항을 하며 자주 엄마의 화를 돋우었습니다. 엄마는 '제2반항기'의 현상이라고 생각했지만, 자신과 얼굴을 마주하는 딸아이의 눈에 가시가 있는데다, 정서가 매우 불안정해진 것을 알게 되고서는 가능한 몰아세우거나 야단치지 않으려고 조심했습니다.

　엄마의 이런 노력 덕분에 미치코의 반항은 잠잠해지는 듯 보였지만, 고등학교 2학년 때 엄마가 친구 일로 야단친 것을 계기로 집을 뛰쳐나가 돌아오지 않았습니다. 어디에서 자는지도 알 수 없었기에 엄마의 걱정은 이만저만이 아니었습니다.

　이 시기에 상담을 의뢰받은 저는, 무엇보다 집에 돌아오는 것이 우선이므로 잠깐이라도 집에 들어오면 절대로 야단치지

　　　　　　　　　　　　　아이에게 맡겨라

말고 따뜻하게 맞아주라고 당부했습니다. 어리광을 부려도 받아주며, 집을 마음 편한 곳으로 느끼도록 만들어주라고 제안했습니다. 어머니는 미치코의 어린 시절 교육이 잘못되었음을 반성하고 있었기에 제 말을 충분히 이해하고 받아들였습니다.

어머니가 자신의 교육법이 잘못되었음을 고백한 것에 의하면, 당시 어르신들과 함께 살고 있었던 데다 자신은 직장에 다니고 있던 터라 아이를 대부분 시부모님께 맡기다시피 했다고 합니다. 그런데 할머니할아버지는 손녀를 무조건 귀여워만 하셨기 때문에 아이 버릇이 나빠질까 염려가 되면서도 차마 어르신들께는 말을 못했답니다. 그래서 어쩌다 아이가 엄마 옆에 오면 버릇을 가르치려고 엄하게 대했다고 합니다. 결국 그 때문에 미치코의 마음은 엄마에게서 멀어진 것이지요. 즉 모녀간의 정서적인 관계가 성립되지 않았던 겁니다.

하지만 머리도 좋고 예의도 바른 미치코는 초등학교 선생님에게 '착한 아이'라는 소리를 들어 엄마는 일단 안심을 했던 것입니다. "그게 실수였던 것 같아요."라며 어머니는 때늦은 후회의 한숨을 쉬었습니다.

할머니할아버지에게 육아를 맡기면, 부모자식 간의 정서적인 관계가 성립되지 않아서, 엄마의 따뜻한 이미지가 아이의 마음에 새겨지지 않는 예가 적지 않습니다. 육아의 주체는 어디까지나 엄마이고, 엄마가 책임을 지고 아이와 정서적인 관계를 맺기 위해 노력해야 합니다.

어머니는 미치코가 외박을 하고 돌아오는 날이면, 미치코가 좋아하는 반찬을 만들어 어떻게든 밥을 먹이려고 했습니다. 그러나 미치코는 "이딴 거 안 먹어!"라며 식탁을 어지럽히곤 했습니다. 그것은 자신의 행동에 엄마가 어떻게 행동하는지를 확인하기 위함입니다. 만약 엄마가 버럭 화를 내기라도 하면 '역시나!'라며 엄마에 대한 불신감만 강해질 것입니다.

미치코가 어떤 행동을 하든 엄마는 참고 참으며 절대로 야단치지 않았습니다. '다 내가 잘못 키운 탓인데 어쩌겠어.' 하는 마음으로 스스로를 타일렀다고 합니다.

그 노력이 결실을 맺어 미치코는 집으로 돌아왔으며, 비행 친구들과도 인연을 끊었습니다. 물론 그렇게 되기까지는 3년이라는 시간이 걸렸지만요.

아빠, 조금만 더 자상하게

어제도 고등학교 2학년인 여자아이가 도와달라며 상담을 청해 왔습니다. "6개월 전부터 의욕이 없어져서 학교에도 가기 싫어요. 그래도 안 가면 아빠한테 혼나니까 가고는 있지만, 이렇게 살아서 무슨 소용인가 싶고… 그렇다고 죽을 용기도 없어서….''라며 눈물로 호소했습니다. 딸의 무기력한 모습을 본 아빠는 "이런 한심한 녀석! 마음을 다잡고 공부나 해!"라며 명령하지만, 그럴 수가 없어서 고민하는 것이라며 아빠의 말이 마치 채찍처럼 느껴진다고 합니다.

이런 아이의 경우는, 어린 시절에 아빠가 끼친 영향이 강했던 경우가 많습니다. 특히 형식적인 교육이 엄했던 경우가 그렇습니다. 조심스럽게 물어보니, 아니나 다를까 '여자는 여자답게'라는 것이 아빠의 신조라고 합니다. 엄마가 자신의 의견을 내놓기라도 하면 아빠는 "내 말 들어!"라며 고압적인 태도로 일관했고, 간혹 엄마에게 손찌검까지 하는 모습을 보면서 마음에 상처를 입었다고 했습니다.

밥상머리에서 젓가락질에 대한 잔소리는 물론이고, 예의범절에 대해서는 무척이나 까다로웠다고 합니다. 그것은 그녀가 의자에 앉아 있는 모습으로도 충분히 유추할 수 있었습니다. 의자 등받이에 기대지도 않고 허리를 구부리지도 않고 앉는 아이에게 "여기선 편하게 앉아도 돼."라고 몇 번이고 권했지만, 그럴 수가 없는 것입니다. 꽤 엄하게 교육받았다는 걸 알 수 있었습니다. "그래서 장난 한 번 쳐본 적 없고, 반항도 하지 못했어요."라며 눈을 내리깔았습니다.

아이는 제가 쓴 책을 읽은 다음이라 자신의 어린 시절을 정리하는 힘을 지니고 있었습니다. "중학교 2학년 때 아빠가 엄마에게 심한 말을 하신 적이 있어요. 그래서 제가 좀 끼어들었더니 바로 저를 때리시더라고요. 그때 얼마나 무서웠던지, 그 기억이 지금까지도 선명하게 남아 있어요. 그래서 아빠가 회사에서 돌아오시면 가능한 마주치지 않으려고 꼼짝 않고 제 방에만 있어요. 그러면 아빠는 버르장머리 없다느니, 쌀쌀맞은 계집애라며 화를 내시죠."

이런 말을 하면서도 그녀는 눈을 아래로 내리까는 일이 많

   아이에게 맡겨라

았으며, 나와 눈이 마주치면 바로 눈을 피하곤 했습니다. 확실히 대인공포 증세가 보였습니다. 그 공포의 원인이 아빠의 엄한 교육에 있음은 두말할 필요도 없으며, 현재의 무기력한 상태의 원인 또한 마찬가지입니다.

저는 "아빠가 자라신 가정환경은 어땠는지 아니?"라고 물어보았습니다. 역시나 소녀의 아빠도 엄한 부모 밑에서 자랐으며, "지금도 설에는 세배를 드리러 가지만, 저희를 데리고 가는 일은 아주 드물어요. 아빠 형제가 네 분이신데, 별로 사이가 좋지 않으세요."라고 대답했습니다.

"아빠도 불행한 가정에서 자라셨구나."란 제 말에 아이는 "저는 지금 아빠가 미워서 떨어져서 살고 싶은 마음뿐이에요. 하지만 이런 마음으로 계속 살고 싶지는 않아요. 어떻게든 변하고 싶어요."라며 자신의 의지를 보였습니다. 그 말을 들으며 '어쩌면 이렇게 마음이 고울까! 딸아이의 이런 마음을 아버지가 알아준다면 부녀관계는 금방 개선될 텐데.' 하는 기대를 해 보았습니다.

정신병으로 오해받은 아이 

　　고등학교 3학년인 노부아키는 어느 날 아침 갑자기 "가슴이 답답해!"라고 소리치더니 "악마가 날 쫓아오고 있어!"라느니 "누군가 나를 노리고 있어!" 같은 엉뚱한 말을 쏟아내며 집을 뛰쳐나가려고 했습니다. 놀란 부모는 노부아키를 택시에 태워 정신과 병원에 데리고 갔고, 결국 정신분열증이라는 진단을 받고 입원하게 되었습니다.

　　그러나 점점 상태는 악화되어서 부모가 면회를 가도 몸을 동그랗게 만 채 침을 질질 흘렸습니다. 의사의 권유로 전기 쇼크도 받아보았지만 조금도 좋아지지 않았습니다. 어떻게 해야 할지 몰라 혼란에 빠진 부모가 저에게 상담을 청했습니다.

　　저는 어린 시절부터 지금까지 노부아키의 성장과정에 대해 물어보았습니다.

　　　　　　　　　　　　　　　　　　아이에게 맡겨라

아버지는 엄한 교육론자로 남자아이는 엄하게 가르쳐야 한다는 신조를 가지고 있었습니다. 어머니로서는 아이가 가여웠지만, 아버지의 압력에 어쩔 수 없이 따라야만 했다고 합니다. 때문에 노부아키는 장난 쳐본 적도 없고 반항기도 없이, 엄마에게 어리광을 부리는 일도 없이 자랐다고 합니다. 초등학교에서도 중학교에서도 모범생이었던 노부아키는 공부도 시키는 대로 곧잘 해서 선생님이 추천해 준 학교에 무사히 입학했다고 합니다.

부모님과 합의하여 일단 노부아키를 퇴원시킨 다음, 우선 어린 시절부터 인생을 다시 시작하도록 제안했습니다. 모자관계에 있어서도 가장 중요한 스킨십을 시도하라고 부탁드렸습니다. 처음 노부아키는 엄마가 몸을 만지려고 할라치면 소스라치게 놀라며 화를 냈지만, 조금씩 스킨십이 실현되면서 결국에는 엄마의 이부자리로 들어가서 함께 잠을 자게 되었습니다.

170센티나 되는 아들을 엄마는 따뜻하게 안아주면서 젖도 만지게 해주었습니다. "기분이 나쁘진 않으셨나요?" 하고 제가 조심스럽게 물어보자 "다 제가 잘못 가르친 탓인걸요."라며 아들을 위해 최대한의 노력을 기울였습니다. 그 상태가 6개월 이상 지속되었고, 노부아키의 정서가 조금씩 안정되어가면서 환각이나 망상은 완전히 사라졌습니다.

그 후에도 한동안은 등교거부아에게서 나타나는 가정 내 폭력을 보이기도 하고, 1년 넘게 밤과 낮이 뒤바뀐 생활을 하기도 했습니다. 그러더니 어느 틈엔가 조금씩 자발적인 행동을 보였고, 3년째가 되자 농사를 짓고 싶다며 시골에 내려가 고원 야채를 재배하기 시작했습니다.

그 동안 아빠는 극도로 싫어하고, 아빠 얼굴만 보면 흥분했기 때문에 아버지는 근처에 따로 집을 얻어 살기도 했습니다. 아버지는 바른 예의범절을 가르치고 열심히 공부시켜서 아들을 좋은 대학에 보내고 싶단 염원으로 엄한 교육을 택한 것인데, 그것이 잘못된 길이었던 겁니다.

어머니의 협력으로 노부아키는 자신의 인생을 스스로 결정하고 살아갈 수 있게 되었습니다. 엄한 교육과 강요된 공부가 아이를 얼마나 괴롭히는 일인지 우리는 명심해야 할 것입니다. 노부아키의 예처럼 정신병과 같은 상태로 몰아넣을 수도 있으니까요.

부모를 비판하는 아이

대학 1학년인 히로코가 저를 찾은 것은 입학한 지 얼마 지나지 않아서였습니다. "점점 무기력해지고, 아침에 일어나도 학교에 가기가 싫어요. 이렇게 살아서 뭐하나 싶은 생각도 들고…." 히로코의 괴로운 심정이 느껴진 저는 "많이 괴롭니?"라고 묻자, 히로코는 머리를 크게 끄덕이며 말없이 눈물을 흘렸습니다.

그러더니 "아빤 정말 너무해요!"라고 말했습니다. 제가 "우리 아버지도 만만치 않았어."라고 대답하자, 히로코는 "초등학교에 들어가면서부터는 저를 아빠의 생각대로만 키우려고 했어요. 뜻대로 되지 않으면 저를 비난하고 때리셨지요."라며 지난날을 떠올렸습니다.

저는 히로코가 힘들었던 이야기를 들으며 그때그때 맞장

구를 쳐주었습니다. 히로코는 "아빠가 미워요! 얼굴 보는 것도 끔찍해요!"라며 감정이 격해져 소리쳤습니다. 사실 이렇게라도 자신의 마음을 솔직하게 표현하게 되면, 조금씩이나마 그녀 스스로 자기의 마음을 정리할 수 있게 됩니다.

엄마와 히로코의 관계는 어떨까요? 엄마와는 비교적 이야기가 통한다는 말에 "그럴 때에는 마음이 좀 진정되겠구나."라고 하자, 히로코는 미소를 지으며 크게 고개를 끄덕였습니다. "하지만 아빠가 화를 낼 때에는, 아빠 편을 들지 않으면 아빠가 더 화를 내시니까 제 기분까지 헤아려주시진 못하세요. 그럴 때는 엄마도 싫어요."라며 조용히 덧붙였습니다.

부모에게 자신의 생각을 말하거나 마음을 표현할 수 없으면, 아이의 마음에는 응어리가 생깁니다. 스스로도 이유를 알지 못한 채 강한 불안감에 휩싸여 공부도 손에 잡히지 않고 학교에도 가기 싫어지지요.

이런 현상은 자기중심적으로 야단치는 부모 밑에서 자랄 때 생깁니다. 제3자에게 자신의 불안을 부모와의 관계로 설명하려고 하면 "부모님 험담은 하는 게 아니야!"라는 도덕적인 설교를 듣거나 "부모님이 널 어떻게 키우셨는데!" 같은 압력을 받아서 결국엔 점점 말수가 적어지는 아이가 되는 거지요.

카운슬링이 회를 거듭하면서 히로코는 "아빠도 알고 보면

 아이에게 맡겨라

불쌍한 사람이에요. 부모님들이 사이가 안 좋았고, 다섯 형제를 무척 차별하셨대요. 아빠가 학교 성적이 제일 별로여서 가장 구박을 많이 받으셨나 봐요. 아빠가 형제들과 별로 사이가 안 좋아서 그런지, 엄마가 형제들이랑 어울리는 것도 별로 안 좋아하세요."라는 소리도 하게 되었습니다.

즉, 친척간의 교류도 얼마 없고 타인과 접할 기회가 적었던 히로코는 대인공포증이 잠재되어 있었던 겁니다. "친구를 사귀지도 못했어요. 언제나 남들한테 좋은 사람으로만 남고 싶었던 거죠. 그게 잘못이었던 것 같아요."라며 히로코는 자신의 지난 시간들을 후회하고 있었습니다. 그러나 히로코가 남들의 눈을 강하게 의식하게 된 것도 다 아빠의 간섭이 심했지 때문입니다.

아이의 문제는 3대를 거슬러 올라가 그 기원을 찾아야만 할 때도 있습니다. 다행히 히로코가 지녔던 마음의 응어리는 카운슬링을 받음으로 풀 수 있었습니다.

part 3

아이가 마음을 열 때

스킨십의 치료 효과

저는 언제나 "야단치고 싶을 때는 스킨십을 하세요."라고 제안해 왔습니다. 스킨십이란 피부의 접촉을 통하여 아이와의 정서적인 연결을 강화시키는 것입니다. 아이와의 스킨십에는 업기나 안기가 있지만, 우리나라에서는 함께 자는 것이 커다란 역할을 하고 있습니다. 저는 18개월에서 36개월까지를 '함께 자는 시기'라고 부릅니다.

아이와 같은 방에서 자다 보면 아기는 한밤중에 부모(특히 엄마)의 이불 속으로 기어들어옵니다. 아마 무서운 꿈이라고 꾼 게지요. 부모의 이불 속으로 들어온 아이는 안심하고 잠이 듭니다. 피부 접촉을 통하여 부모를 마음의 기지로 삼는 것입니다. 아이는 만 한 살에서 세 살까지 마음이 기지를 만드는데, 따뜻한 엄마의 마음인 경우가 압도적으로 많습니다.

사춘기 이후에 좌절감을 느끼고 등교거부나 신경증(노이로제), 심신증 등으로 고민하는 아이는 어렸을 때 장난을 쳐본 적도, 반항을 해본 적도 없는 아이가 많습니다. 게다가 엄마에게 몸으로 어리광을 부려본 적이 없는 경우도 많지요.

이런 아이는 중학생이 되든 고등학생이 되든 엄마에게 몸으로 어리광을 부리려고 합니다. 엄마의 뒤를 쫓아다니며 자꾸 부비고 싶어 하고, 엄마의 이불 속으로 기어드는 일도 있습니다. 몸은 이미 다 커버린 아이가 그런 행동을 하니 엄마는 '얘가 머리가 어떻게 된 거 아니야?' 싶어 기겁을 하지만, 그것은 다만 아직 어린 마음의 표현일 뿐입니다. 어렸을 때 엄마에게 몸으로 어리광을 부리지 못했던 마음의 응어리가 남아서 그것을 실현하고 싶은 충동에서 나온 행위인 것입니다.

아이가 몸으로 부리는 어리광을 받아주다 보면 조금씩 정서가 안정되고, 마음이 편안해져서 이상증상도 가벼워지고 스킨십을 요구하는 일도 적어집니다. 스킨십에는 같이 자는 것이 가장 좋습니다. 사춘기 이후의 남자아이인 경우에는 아무래도 엄마가 부담스러워할 수밖에 없는데, 그 저항감을 극복하고 함께 자는 것을 실현한 엄마의 경우에는 치료 이상의 효과를 거둘 수 있었습니다.

정신병이라고 진단을 받은 사춘기와 청년기의 아이들에게

5년 전부터 이 방법을 도입하고 있는데, 어머니의 협력을 얻은 경우에는 아주 효과가 좋습니다. 아이의 정서 불안에는 스킨십만큼 좋은 약이 없습니다. 최고의 쾌감을 얻을 수 있기 때문입니다.

그러나 체벌을 스킨십의 일종이라고 한 판결에는 놀라움을 금할 수 없었습니다. 교사의 체벌이 아이에게 상해를 입힌 것을 두고 부모가 고소를 했는데, 그때 판결문 안에 그런 말이 있었던 겁니다. 체벌은 아이에게 고통을 주는 것임에 틀림이 없는데, 체벌이 스킨십이라니요! 어림도 없는 소리입니다.

어찌하여 체벌을 스킨십과 혼동한 것일까요? 이는 '사랑의 매'라는 미명 아래 어른들의 이기적인 체벌 긍정론에 눈이 멀었기 때문입니다. 아이를 야단치거나 때리는 부모와 교사의 심리를 다시 한 번 생각해 볼 필요가 있습니다. 그때 사랑은 무엇인지, 어떤 형태로 나타나는지도 곰곰이 생각해 보아야 할 것입니다.

제1반항기

아이의 '반항'은 자발성 발달에 커다란 의미를 지닙니다. 자발성의 발달이 순조롭게 이루어지고 있는 아이의 경우, 만 두 살에서 세 살에 걸쳐 반드시 '제1반항기'가 나타납니다.

"어서 옷 입어야지.", "흘리지 말고 잘 먹어야지." 같은 명령을 하면 "싫다 뭐!"라며 일부러 천천히 옷을 입으며 부모를 짜증나게 만듭니다. 결국에는 야단을 치게 되죠. 그건 부모들이 아이들의 '제1반항기'에 대해 모르고 있기 때문에 생기는 일이며, 그 사실만 안다면 반항이야말로 아이의 자발성이 순조롭게 자라고 있는 증거임을 알고 기뻐할 것입니다. '반항'은 부모가 아이를 도우려고 할 때도 일어납니다. 셔츠의 단추라도 끼워주려고 하면 "내가 할 거야!"라며 손을 뿌리치는 식이죠.

아이의 능력으로는 안 되는 일인데도 "내가 할 거야!"라며 고집을 부리니 부모 중에는 아이를 "못됐다!"며 야단치거나 때리는 사람도 있습니다. 아이의 정서적 발달에 대한 공부도 하지 않고, 그저 아이를 '나쁜 아이'라며 야단치는 것이 아이의 자발성을 억압한다는 사실을 전혀 눈치 채지 못하면서 말입니다.

자발성이 억압당한 아이는 무기력해집니다. 초등학생이 되어서 의욕이 떨어지고 공부에 소극적이 되는 것은 다 어렸을 때 '반항'을 억압당한 데 원인이 있습니다. 그런데도 부모들은 "대체 왜 공부에 성의가 없는 거니?"라며 야단을 치니 가여운 일이 아닐 수 없습니다.

아이가 태어났을 때부터 부모는 아이의 교육자가 됩니다. 아이를 어떻게 교육시켜야 할지 생각해야만 합니다. 그러기 위해서는 아이의 마음이 어떻게 발달하는지 공부를 해야만 바른 교육이 가능할 것입니다. 그러나 정작 그런 공부를 하고자 하는 부모는 적습니다. 그리하여 저는 30년 전부터 부모가 되려고 하는 사람에게는 '국가시험'을 치르게 하여 합격한 사람에게 면허증을 주는 제도를 만들자고 주장해 왔습니다.

'국가시험' 문제는 마음의 발달에 대한 것으로, 예를 들면 '만 두 살에서 세 살 사이에 아이에게는 어떤 상태가 나타날까요?' 같은 질문입니다. 그에 대하여 '제1반항기가 나타난다.'라거나 '싫다는 말과 자기가 하겠다는 말을 하게 된다.'라고 답하면 그 문제에 합격 점수를 주는 식이지요.

저는 임산부들을 대상으로 한 한 강연회에서 이를 피력하였습니다. 비록 국가시험을 치르게 할 수는 없지만, 저의 강연을 들은 예비 엄마들은 충분히 그 의미를 이해할 수 있을 것이라 생각했기 때문입니다.

만약 '제1반항기'가 나타나지 않는 아이가 있다면, 그것은 부모에 의해 자발성이 억압되어 왔던가, 부모가 함께 놀아주면서 자연스럽게 스킨십을 할 기회가 적었기 때문일 겁니다. 하루빨리 부모들이 그런 원인을 자각할 수 있기를 진심으로 바랍니다. 아이는 "싫어!", "내가 할 거야!"라고 말할 수 있는 아이로 키워야 합니다.

초보 엄마의 실수

"친구를 사귀는 게 중요하다고 해서 동네 아이들과 같이 놀게 했는데, 사이좋게 놀지도 않고 오히려 점점 친구를 싫어하게 되더라고요." 난감한 표정으로 요헤이의 어머니는 제게 하소연을 했습니다.

집에 친구를 불러 놀게 하면 장난감 쟁탈전이 벌어지기 마련입니다. 엄마는 어떻게든 장난감을 빌려주고 같이 놀라고 하는데, 요헤이는 선선히 빌려주려고 하지 않습니다. "왜 그렇게 욕심을 부리는지 모르겠어요."라며 어머니의 얼굴이 어두워졌습니다. 요즘에는 그 친구가 현관에 보이기라도 하면 노려보기까지 한다고 합니다.

요헤이는 몇 살일까요? 네 살이라고는 하지만, 이제 겨우 30개월 된 아이입니다. 아이의 발달에 대해 조금이라도 공부를 했다면, 겨우 만 두 돌이 지난 아이에게 친구를 만들어주어 봤자 제대로 놀 수 없다는 것쯤은 알았을 것입니다. 아직 적극적으로 친구를 원하는 마음이 발달되어 있지 않기 때문입니다. 만 세 살이 되기 전 아이들은 한자리에 같이 있어도 각자 놀 뿐, 함께 놀려고 하지 않습니다. 그래서 우리는 이것을 〈평행놀이〉라고 부릅니다.

그 또래의 아이는 친구의 장난감이 갖고 싶으면 서슴지 않고 다가가서는 그 장난감을 빼앗습니다. 빼앗긴 친구는 울 것이고, 자기 장난감을 되찾으려고 할퀴고 물어뜯는 싸움을 시작하게 됩니다. 혹은 집에 놀러온 친구에게 엄마가 장난감을 빌려주려고 하면 요헤이처럼 행동하게 되는 것이죠.

즉, 만 세 살도 안 된 아이에게 친구를 만들어주려고 한 것 자체가 문제였던 겁니다. 말하자면, 잘못은 엄마가 해놓고 아이를 '못된 아이'로 낙인찍는 것인데, 이런 사례가 적지 않습니다. 잘못된 학습이 아이의 인격형성에 문제를 만듭니다.

요헤이의 어머니에게 어떤 책이라도 좋으니 아이의 발달에 관한 책을 읽은 적이 있냐고 물어보자, 읽은 적이 없다는 대답이 돌아왔습니다.

그것은 왜일까요? 의외로 '귀찮아서'라는 단순한 대답을 하는 어머니가 많습니다. 전화상담을 하는 어머니는 대부분 자

　　　　　　　　　　　　　　　　　아이에게 맡겨라

기 나름대로 공부하려는 마음보다 그저 손쉽게 전문가에게 상담하여 답을 얻으려고 합니다. 즉 자발성이 결여되어 있는 것입니다.

그 원인은 어디에 있을까요? 우리나라 교육이 여성의 자발성에 압력을 가하는 일이 많기 때문입니다. 어떤 학교에서는 그야말로 신분사회의 부창부수를 가르칩니다. 그것은 교사가 하는 말에는 무조건 따라야 한다는 의식을 가지고, 아이들의 '반항'을 기뻐하지 않는 모습으로 나타납니다, 그런 학교에 아이들을 입학시키는 부모들의 의식도, 부모 말은 무조건 들어야 한다는 식입니다.

특히 만 일곱 살에서 여덟 살의 〈중간 반항기〉, 즉 '말대답'이 많아지는 시기에 말대답을 한다고 아이를 야단치거나 때리는 부모가 아직까지도 적지 않습니다. '말 잘 듣는 아이'를 '착한 아이'라고 평가하고 있지만, '말 잘 듣는' 아이는 자발성에 문제가 있는 아이일 뿐입니다. 제 경험으로는, 그런 아이가 자라 부모가 되면 잘못된 육아로 더 큰 희생을 부를 뿐입니다.

싸움도 못하는 아이들

　자발성이 순조롭게 발달하고 있는 아이는 만 세 살에서 네 살 사이에 적극적으로 친구를 사귀고 싶어 합니다. 이 시기에 또래 친구들을 만날 기회를 만들어주면 친구와 노느라 아주 신이 납니다. 유치원이 다섯 살 반부터 있는 것은 이런 까닭입니다.

　옛날에는 집 앞 골목만 나가도 아이들이 많았기 때문에 친구가 필요하다면 바로 놀 수 있었습니다. 그러나 요즘은 집 근처에서 친구를 찾기 힘들고 딱히 놀 장소도 없어서, 유치원이라도 들어가지 않으면 친구와 놀 기회가 없습니다.

　친구와 놀기 시작하면 싸우는 일이 많아집니다. 특히 나이가 어리면 어릴수록 물건을 서로 갖겠다고 다투는 싸움이 많습니다. 그러다 할퀴거나 물고 늘어지는 일도 생깁니다. 그럴 때에는 아이들을 어떻게 다루어야 좋을까요?

돌이나 막대기처럼 위험한 것을 가지고 있다면 빼앗거나 버리라고 말해야겠지만, 그 외의 경우에는 아이들에게 싸움 그 자체를 맡겨둘 필요가 있습니다. 즉, 싸움을 계속 지켜는 보되 끼어들지 않는 것입니다. 아이들 싸움은 자발성의 발달에 기반을 둔 자기주장의 부딪침이며, 싸울 수 있는 아이가 '착한 아이'이기 때문입니다.

싸울 수 있는 아이가 '착한 아이'라니! 무슨 소린가 놀라는 분도 있으실 겁니다. 사실 요즘에는 싸움도 못하는 아이들이 늘어나고 있는데, 그것은 요즘 아이들 대부분이 자발성의 발달이 늦기 때문입니다.

자발성이란 스스로 놀이를 생각해내고, 그 생각에 따라 놀이를 전개하는 힘입니다. 내가 생각해낸 놀이에 상대가 따르지 않고 오히려 자신의 요구를 주장하며 양보하지 않을 때 싸움이 되는 것이기 때문에, 대여섯 살부터 그런 싸움이 많아집니다.

그러나 싸움을 통하여 상대에게도 상대 나름의 주장이 있음을 알게 되고, 싸움을 반복하는 사이에 어떻게 하면 함께 즐겁게 놀 수 있을지를 이것저것 생각하게 됩니다. 이것이 자발성에 기반을 둔 사회성의 발달입니다. 만약 싸움을 나쁜 것이라 규정짓고 야단치게 되면 자발성의 발달은 방해를 받게 됩니다. 그리하여 싸움조차도 못하는, 의욕이 결핍된 아이로 자라나는 것입니다.

어른들과 달리, 아이들은 싸움을 한다고 해도 바로 화해하고 함께 놉니다. 아이들끼리는 싸웠다고 해서 뒤끝을 남기거나 하지 않지만, 어른이 개입하면 이야기가 달라집니다. 특히 어른이 싸움을 중재하려고 하면, 어느 한쪽은 불만을 품게 되어 반드시 아이의 마음에 응어리가 남습니다. 싸움은 재판하려고 해서는 안 됩니다. 그것은 자발성이 순조롭게 발달하고 있는 '착한 아이'가 하는 일이기 때문입니다.

싸움을 반복 체험하면서 화해의 의미를 이해해 가는 것이 아이들입니다. 그리고 나이를 먹으면서 싸우지 않고 노는 아이로 성장하기 마련입니다.

   아이에게 맡겨라

형제싸움의 원인

형제끼리 우애가 있었으면 하는 것은 모든 부모의 바람입니다. 그러나 그 바람이 무색하게 형제싸움은 끊이질 않습니다. 서로 저주를 퍼붓기도 하고, 맞붙어 싸우다 어린 동생이 울음을 터뜨리는 등 그야말로 시끄러워 못 살 지경이죠. 그러면 부모는 아이를 야단치게 됩니다. 큰아이를 때리기도 하지요.

다섯 살까지는 형제들끼리 물건을 두고 싸우는 일이 많습니다. 장난감을 서로 갖겠다고 싸우고, 과자를 서로 더 먹겠다고 싸웁니다. 그럴 때 부모는 아이들 싸움을 어떻게 말리고 있나요?

대부분의 부모는 큰아이에게 "네가 형이잖아!"라든가 "네가 언니잖아!"라면서 야단치는 일이 많습니다. 하지만 그렇게 되면 큰아이는 마음에 상처를 입고 점점 더 동생을 괴롭히게 됩니다.

왜 마음의 상처가 생기는 걸까요?

다섯 살 전후의 아이에게 형이나 언니로서의 의식은 아주 조금밖에 형성되어 있지 않기 때문입니다. 어쩌면 전혀 그런 의식이 없다고 해도 좋을 정도여서, 부모에게 "네가 형이잖아!" 같은 소리를 듣는다고 해도 그 의미를 알지 못합니다. 부모에게 맞을까 두려워 동생을 괴롭히지 않게 되었다고 하더라도, 마음 깊은 곳에서는 동생에 대한 미움이나 적의를 버리지 못합니다. 결국 그것이 사춘기가 되어 폭발하는 일도 있습니다.

동생이 태어났다고 해서 "이제 형(언니)이 되었잖아!"라고 말하며 큰아이에게 참으라고 강요하는 것은 부모의 이기적인 생각일 뿐입니다. 그때 큰아이가 마치 갓난아기 같은 행동을 보이며 그 불만을 나타내는 일이 있습니다. 갑자기 대소변을 가리지 못하기도 하고, 무턱대고 운다거나 우윳병에 마시고 싶어 하기도 하고, 말을 더 듣는 행동으로 마음의 고통을 호소합니다. 그런 신호들을 눈치 채고 부모가 큰아이를 정성으로 보살피면, 아이는 금방 정서가 안정되면서 고통의 표현도 사라지게 됩니다.

하지만 "다 큰 애가 왜 이러는 거야!"라며 비난하면, 아이는 마음의 고통이 더욱 강해져서 대소변을 못 가리거나 괜한 투정에 물건을 던지기도 합니다. 그것을 야단치기라도 하면 아이의 마음의 상처는 더욱 깊어지기만 하는 것이지요.

동생이 태어났다면 지금까지보다도 더 많은 스킨십이 필요합니다. 갓난아이를 돌보고 있을 때라도 큰아이가 무릎에 앉으려고 하면 갓난아기에게서 잠깐 눈을 떼고 큰아이를 무릎에 앉혀서 정서가 불안정해지는 것을 막아야 합니다. 아이의 불안을 읽지 못하는 부모는 "너는 다 컸잖아!"라며 아이의 어리광을 거부합니다. 자신의 어리광을 거부당한 아이는 동생을 괴롭히게 됩니다.

엄마의 무릎에 앉으려고 할 때 엄마의 포옹을 받는 아이는 점차 동생을 괴롭히는 일이 적어지고, 동생을 귀여워하는 행동이 늘어납니다. 엄마에게 '배려'를 받음으로써 아이의 마음에 '배려'가 싹트고 자라기 때문입니다.

부모에게 말하지 못하는 마음

봄이 되면 초등학생이 되는 노리오는 울면서 현관을 들어섰습니다. 그것을 본 엄마는 "왜 그러니?" 하고 말을 걸어보았지만, 노리오는 울기만 할 뿐 엄마가 묻는 말에는 아무런 말도 하지 않았습니다. 기다리다 못한 엄마는 "울지만 말고 얘길 해야지!"라며 목소리가 커졌습니다. 그러나 노리오는 계속해서 울기만 할 뿐이었습니다.

엄마로서는 아이가 우는 이유를 듣고 적절하게 대처해 주려고 한 것인데, 노리오가 대답을 해주질 않으니 답답한 마음에 화가 났습니다. 결국 "남자답지 못하게 그렇게 울기만 할 거야?", "넌 이제 1학년이 되잖아!", "엄마는 울보는 싫은데!" 등등 노리오를 힐책하는 말을 계속 쏟아 붓습니다. 야무진 아이로 만들고 싶다는 바람이 오히려 비난의 말이 되어 아이에게 열등

아이에게 맡겨라

감을 안기는 일이 적지 않습니다.

여전히 울고 있는 노리오와 실랑이를 하던 그때, 대학에서 아동심리를 공부하고 있는 사촌누나인 기미코가 왔습니다. 엄마는 간단하게 경과를 이야기하고 "어째서 이러는지 모르겠어."라면서 불만을 털어놓았습니다.

기미코 누나는 엄마의 말에는 맞장구치지 않고 "노리오, 누나랑 놀자!"라며 노리오를 방으로 데리고 가서 아이의 기분이 진정될 때까지 함께 놀아주었습니다. 그리고 놀이가 끝날 때마다 언제나 힘껏 안아주었습니다. 노리오는 기미코 누나에게 안기는 게 정말 좋습니다. 몸의 따스함이 전해져 오면 언제 그랬냐는 듯 기분이 진정되기 때문입니다.

그때 기미코 누나가 "친구들이 놀렸어?"라고 물었습니다. 밖에서 울며 들어오는 아이들 대부분이 친구들 때문이라는 것을 기미코는 알고 있기 때문입니다. 노리오는 "응." 하고 대답했습니다. 기미코 누나가 "뭐라고 놀렸는데?" 라고 묻자 "애들이 울 엄마를 놀렸어. 큰소리로 몇 번이나 놀렸단 말야." "엄마를 뭐라고 하며 놀렸는데?" "'너네 엄마는 참외배꼽이라며?' 하고 막 큰소리로 말했어."

기미코 누나는 이런 말들이 아이들 사이에서 자주 놀림거리가 된다는 것을 알고 있었기 때문에 "노리오 엄마는 참외배

꼽이 아니잖아."라고 말했습니다. 그러자 노리오의 대답이 의
외였습니다. "엄마 배꼽 진짜 커. 같이 목욕할 때 보고 깜짝 놀
랐는걸."

즉 엄마의 배꼽을 놀리는 소리에 노리오는 슬퍼졌던 것입
니다. 그래서 엄마가 울고 있는 이유를 물어도 대답할 수가 없
었던 거죠. 정직하게 말했다간 엄마가 화를 내며 "그런 친구들
이랑 놀지 마!" 같은 소리를 하게 되면 큰일이기 때문입니다.

기미코 누나는 "그 친구들은 노리오 엄마랑 같이 목욕한
적이 있을까?" 하고 물어보았습니다. 노리오는 기미코 누나에
게 안긴 채 한참을 생각하다가 결국 활짝 웃었습니다. 자기 혼
자만의 생각이었다는 것을 깨달았기 때문입니다.

애정을 대신할 수 있는 것

아이가 귀엽다고 과자나 장난감, 돈 따위를 주는 것은 아이의 인격형성에 문제를 만들 뿐입니다. 주로 할아버지와 할머니가 그러는 경우가 많은데, 제 개인적으로는 '물질이나 금전으로 손주를 낚고 있는 것'에 지나지 않다고 생각합니다. 손주들은 이런 할아버지할머니를 찾아갑니다. 할아버지할머니에게 어리광을 부리며 좋아하는 척 꾸밉니다.

일주일에 두 번은 반드시 가까이 사는 조부모를 찾는 초등학교 2학년생 남자아이가 있었습니다. 할아버지와 할머니는 아이가 오는 것을 좋아했고, 부모도 노인을 공경하는 좋은 마음이라며 흐뭇해 했습니다. 하지만 알고 보니, 아이는 한 번 방문할 때마다 받는 1천 엔 지폐를 위해 갔던 것이었습니다. 한 달에 8천 엔씩이나 모아 고가의 장난감을 사서는 게임을 하느라 공부도 하지 않게 되었습니다.

이 상담을 받았을 때 저는 우선 할아버지에게 절대로 돈을 주지 말라고 했고, 아이의 아버지에게 그 말을 전해들은 할아버지는 쾌히 승낙해 주었습니다. 그 결과 어떻게 되었을까요? 아이는 이후 전혀 할아버지의 집에 가지 않게 되었습니다.

아이들은 잘 놀아주는 할아버지할머니를 좋아합니다. "할아버지, 같이 놀아요~!"라고 팔을 끌고, "할머니, 책 읽어주세요."라며 책을 내밉니다. 부모가 바빠서 상대할 시간이 적은 만큼 할아버지할머니가 함께 있어주는 것을 좋아합니다. 할아버지할머니와 함께 있음으로써 마음이 따스해지는 경험을 한 아이는 정서 안정에 도움이 됩니다. 그런 경험들이 쌓여 노인을 공경하는 마음도 생기는 겁니다.

자신의 체력에 맞는 놀이를 생각하여 함께 놀면 아이들도 즐겁고 할아버지할머니도 즐거워집니다. 가령 아이는 장난을 좋아하니까 목욕을 시키면서도 욕실에서 충분히 즐겁게 놀 수 있습니다. 욕조에서 첨벙첨벙 물을 튀기기도 하고, 누가 숨을 오래 참나 잠수 시합도 하고, 함께 노래도 부르고, 인형을 같이 목욕시키기도 하면서 천천히 놀게 하면 아이들은 할아버지할머니와 목욕하는 것이 즐거워집니다.

아버지들 중에는 평소에 너무 바빠 아이와 놀아주지 못하

는 대신 장난감이나 그림책 등을 '선물'이라며 안겨주는 사람
이 있습니다. 아빠가 집에 들어오면 "다녀오셨어요!" 하면서 뛰
어나오니까 아빠는 아이에게 사랑받고 있다고 생각할지도 모
르지만, 아이의 눈을 잘 들여다보면 그것이 착각이라는 것을
알 수 있습니다. 아빠 얼굴은 보는 둥 마는 둥 아이는 바로 아빠
손에 들려 있는 꾸러미로 눈이 갈 겁니다. 그리고 선물을 받으
면 생글거리며 "고맙습니다."라고 하겠지요. 하지만 그것은 아
빠의 마음을 향한 진심의 말이 아니라, 선물에 대한 보답의 말
에 지나지 않습니다.

물질이나 금전은 결코 애정의 대상은 되지 않으며, 아이의
인격형성을 망가뜨리는 위험인자라
는 사실을 하루빨리 깨달았으면
좋겠습니다.

아이를 지배하려는 이유

　'책임감이 있는 사람'이라는 말은 우리나라와 구미에 매우 큰 차이가 있습니다. 우리나라에서는 윗사람에게 명령받은 것을 틀림없이 잘 해내는 사람을 말하지만, 구미에서는 자신의 발언이나 행동에 대하여 책임을 지는 사람을 말합니다. 즉 우리나라가 타율적인 것에 반해 구미인은 개인을 주체로 책임감을 평가합니다.

　우리나라에서는 부모나 교사가 아이에게 "책임감을 가져야지!"라고 하는 말은 '시키는 대로 해야지!'라는 명령과 같습니다. 그 명령에 제대로 따르지 않으면 그 아이를 야단칩니다. 잘하라는 요구(완전 욕구)가 강하면 강할수록 아이는 불완전함을 책망 받게 됩니다.

　책망을 받으면 물론 분발하려는 아이도 있겠지만, 그보다는 점점 열등감이 강해져서 결국에는 무엇에건 위축되는 아이가 되는 경우가 더 많습니다. 이처럼 어른들의 이기로 열등감 덩어리가 된 아이들을 '못난 애'로 낙인찍으니 가여운 일이 아닐 수 없습니다.

그런 아이의 상담을 맡게 되면, 우리는 아이에게는 〈놀이요법〉을, 부모에게는 〈카운슬링〉을 실시합니다. 〈놀이요법〉을 실시하는 사람(치료자)은 아이의 자발적인 놀이를 중요시하고, 아이가 제안한 놀이가 아무리 미숙하고 불완전한 것이라고 하여도 절대로 아이를 책망하거나 비난하지 않습니다. 그러면 아이는 자신의 마음을 있는 그대로 표현하게 됩니다.

"엄마가 싫어!"라고 분명하게 말하는 아이도 있습니다. 물론 치료자는 "엄마가 싫구나."라고 공감하며, 아이의 솔직한 마

음의 표현을 중요하게 받아들입니다. 만약 "엄마를 그렇게 얘기하면 안 돼."라고 비난하면 아이는 치료자에게 자신의 마음을 솔직히 표현하지 않게 되어 〈놀이요법〉은 성립되지 않습니다.

어머니에게 하는 카운슬링에서는 아이가 솔직하게 자신의 마음을 표현할 수 있는 집안 분위기를 만들라고 조언합니다. 물론 그것이 좀처럼 안 되는 어머니도 있습니다. 끊임없이 자신의 생각만으로 아이를 지배하려고 하는 자기중심적인 엄마 말입니다.

그런 어머니를 살펴보면, 어머니 자신이 부모나 교사에게 명령적인 교육을 받고, 그것에 순종적으로 따라왔기 때문에 '착한 아이'라고 평가받은 채 부모가 된 사람이 많습니다. 자신이 평가받았던 '착한 아이'를 자기의 아이에게도 요구하고 있는 셈입니다. 아이의 마음을 읽을 수 없는 것은 그 때문입니다.

엄한 교육을 받아서 그것에 순종적으로 따라온 것이 자발성이 결핍된 부모를 만들어내고, 아이에게도 똑같은 교육을 강요하게 만듭니다. 즉 자신의 언동에 책임을 지는 힘이 없는 것입니다.

다시 한 번 책임감이란 무엇인가에 대하여 생각해 보길 바랍니다. 아이를 대하는 말이나 행동에 대하여 당신은 과연 책임을 다하고 있습니까?

 아이에게 맡겨라

정리정돈보다 중요한 것

아이는 대체로 정리정돈을 하지 않는 법입니다. 저는 연구원 약 20명과 함께 3년에 걸쳐 〈정리정돈〉을 테마로 토론하고 연구를 진행하였습니다. 우선 부모님들에게 정리정돈을 좋아하는지 물어보니, 50% 이상이 좋아서 하는 것이 아니라고 답했습니다.

그럼 왜 '정리정돈'을 하는 것일까요? 첫 번째로 꼽힌 것이 남들에게 지저분한 인간으로 보이고 싶지 않기 때문이라는 이유였습니다. 즉 남의 눈을 의식해서라는 거지요. 다음으로는 정리를 하면 기분이 좋아지기 때문이라는 답이었습니다. 확실히 그건 그렇지요. 그러나 어느 쪽이든 '뒷정리'에는 창조적인 요소가 결핍되어 있습니다.

아이는 창조적인 존재입니다. 따라서 '정리정돈'을 싫어합니다. 자발적인 아이는 계속해서 놀이를 생각해내기 때문에 하나의 놀이가 끝나면 바로 다른 놀이를 생각해내고, 그 놀이에 빠져듭니다. 따라서 이미 끝난 놀이의 뒷정리를 할 시간이 없습니다.

엄마의 눈으로 보면 온통 어지르기만 하는 거 같겠죠. 그래서 "블록놀이가 끝났으면 먼저 정리하고 다른 장난감을 꺼내야지!"라고 명령하며, 뒷정리를 안 한다고 혼을 내기 일쑤입니다. 그러나 자발성이 발달하고 있는 창조적인 아이에게는 그것이 불가능합니다. 그것은 화가의 모습과 닮아 있습니다.

창조적인 화가는 하루의 창작활동이 끝나면 깔끔하게 뒷정리를 할까요? 뒷정리에 신경을 쓰다보면 창조적인 활동을 할 수가 없습니다. 아틀리에는 남들 보기엔 난잡하기 그지없겠죠. 아이들과 닮은 구석이 있습니다. 엄마가 "정리를 해야지!"라고 해도 다음 놀이 생각에 정신이 없는 아이는 정리할 기분이 전혀 나지 않습니다. 엄마에게 혼나니까 할 수 없이 뒷정리하는 것뿐이죠.

정리정돈에 대해서 이런저런 토론을 할 때, "깔끔하게 정리가 된 집에 가면, 뭔지 모를 차가운 느낌이 들어요."란 발언이 있었습니다. 그와 함께 잘 정리가 안 되어 있는 집에 있으면 따스함이 느껴질 때가 있다는 발언도 있었습니다.

아이에게 맡겨라

토론을 거듭한 결과, 아이가 정리정돈을 잘 못한다고 눈을 치켜뜨며 뒷정리를 하라고 잔소리하는 것에 대해 모두들 부정적인 마음을 갖게 되었습니다.

분명 정리가 잘 되어 있으면 기분은 좋습니다. 그러나 분명 남의 눈 또한 많은 부분을 차지합니다. 손님이 오기 전에 서둘러 정리를 하는 것은 타인에게 받을 비난이 두렵기 때문이기도 합니다,

결론을 말하자면, 아이에게 뒷정리를 하고 난 다음의 상쾌한 기분을 맛보게 하는 것은 필요하지만, 서둘러 정리를 잘하는 아이로 만들 필요는 없다는 겁니다. 사춘기가 되어서 '아름다움'에 눈뜨게 되면 자발적으로 자기의 방을 꾸미게 됩니다. 그때까지 '기다릴' 필요가 있습니다.

놀이요법으로 열리는 아이의 마음 

"어찌하여 '야단치지 않는 교육'을 제창하게 되었습니까?"
라는 질문을 받을 때가 있습니다. 아마도 제일 큰 이유는 제가
놀이요법을 공부했기 때문일 겁니다. '놀이요법'이란 여러 가
지 문제행동을 보이는 아이가 있으면, 그 아이와 함께 놀면서
아이의 문제행동을 고쳐가는 방법입니다.

놀이요법을 담당하는 사람을 치료자(세라피스트)라고 하
는데, 치료자는 우선 아이와 친밀한 관계를 만들도록 노력합니
다. 즉 아이가 좋아하는 사람이 되어야 합니다. 그러기 위해서
는 야단치는 것은 좋은 방법이 아닙니다. 야단맞은 아이는 야
단친 사람에 대해 두려움을 느끼고 싫어하기 때문입니다.

아이는 좋아하는 사람에게 신뢰감을 갖습니다. 신뢰감을
가진 사람에게는 마음을 열어 보입니다. '이 사람이라면 내 마

아이에게 맡겨라

음을 있는 그대로 이야기해도 받아줄 것'이라는 안심감이 있습니다. 그런 신뢰감이 생기면 아이들은 놀이요법 중에 블록 쌓기로 무덤을 만들어 그 안에 아빠인형을 넣기도 하고, 유모차로 아기인형을 짓이기도 합니다.

그것은 아빠와 아기에 대하여 적의를 품고 있다는 것을 의미합니다. 그렇게 표현한 자신의 마음이 치료자에 의하여 받아들여지면, 아이의 불안정한 기분은 점점 안정되고 점차 문제행동 또한 사라져갑니다.

이러한 '놀이요법'을 공부함으로써 확실히 알게 된 것은, 아이의 문제행동은 부모나 교사의 잘못된 교육에 의한 마음의 상처와 응어리의 표현이라는 점입니다.

즉, 아이에게 나타나는 문제행동은 마음의 상처나 응어리를 풀어 달라는 시그널(적신호)인 것입니다. 구조의 시그널을 보내는 데도 문제행동만을 보고 '나쁜 아이'라며 혼을 내며 때리기나 하니, 정말 가엾기 그지없습니다.

치료자로서 아이를 구하기 위해서는, 아이의 마음을 이해히고 그 고통에 공감해야 합니다. 그 요구에 답하는 노력을 거듭하는 사이 저는 야단치지 않는 인간으로 변하였습니다. 야단치지 않는다는 것은 화를 내지 않는다는 것입니다.

게다가 아이의 문제행동을 생각해 보면, 각각 아이 나름의 이유가 있다는 것을 알게 됩니다. 그러니까 욱하는 순간적인 감정에 야단치지 말고, 조용히 아이가 하는 말에 귀를 기울여 보십시오. 문제행동과 달리 아이의 따스한 마음을 접할 수 있으며, 그런 경험을 하면 함부로 아이를 야단칠 수 없게 됩니다.

　야단치지 않는 부모에게 아이는 절대로 거짓말을 하지 않습니다. 저는 손주를 야단치는 일이 없기 때문에 아이들은 저에게 거짓말을 전혀 하지 않습니다. 아이가 거짓말을 하는 것은 야단치는 것에 대한 방어입니다. 심해지면 복수와 같은 거짓말을 하는 경우도 있습니다. 여기서 말하는 복수란 부모를 일부러 화나게 만드는 것을 의미합니다. 차가운 마음을 가진 부모에게는 그런 거짓말을 하는 경우도 있습니다.

 　　　　　　　　　　　　　　　　　　　아이에게 맡겨라

말대답하는 아이

며칠 전에도 한 아버지가 아이를 걱정하며 상담을 왔습니다. 이제 초등학교 3학년인 딸아이가 꼬박꼬박 '말대답'을 한다는 것입니다. 아이에게 예의범절에 대해 주의를 주자 "아빠도 그러면서!"라고 하길래 욱하는 마음에 아이를 때렸다고 합니다. "이런 아이가 비행청소년이 되는 건 아닌지요?"라며 아버지는 슬픈 얼굴로 말했습니다.

아이를 생각하는 마음은 잘 알겠지만, 저는 답답했습니다. 그 아버지는 지금 자신의 봉건적인 의식 때문에 아이의 행동을 잘못 판단하고 있었기 때문입니다.

옛날교육을 받은 저도 '부모와 교사가 하는 말은 무슨 말이든 따라야 한다'고 명령받았습니다. 이것은 부모자식 관계만이 아니라 부부관계에 있어서도 마찬가지입니다. 부창부수라며, 우리 어머니는 자신의 의견을 말했다는 이유만으로 아버지에게 맞은 적도 있습니다.

옛날에는 부모에게 '말대답'을 하는 것은 불효이며, 불충으로 이어지는 것이기 때문에 큰 죄를 짓는 것이라고 생각했습니다. 더구나 여자아이가 '말대답'을 할라치면 당장 손이 올라갔지요.

그러나 민주주의사회에서는 부모가 아이에게 "자신의 생각을 똑바로 표현해야지."라고 교육시킵니다. 부모가 하는 말에 의문이 생길 때는 그것을 분명하게 표현해야 합니다.

부모도 불완전한 인격체이기 때문에 아이 앞에서 미숙한 면을 보일 때가 적지 않습니다. 그러면 이제 비판의 능력이 발달하기 시작한 아이는 부모를 비판하게 됩니다. 그것이 초등학교 2~3학년쯤부터입니다. 그래서 "아빠도 그러면서!"라고 표현하는 것입니다.

이렇게 아이에게 지적받았을 때 부모는 어떻게 해야 할까요? 일단 자신을 반성해야 합니다. 반성해 보면 분명히 아이에게 지적받을 만한 일을 했을 것입니다.

만약 생각나지 않을 때는 아이에게 "아빠가 무슨 잘못을 했지?"라고 물어봐도 좋습니다. 아이는 아빠의 행동을 지켜보았기 때문에 가르쳐줄 것입니다. 아이의 말을 들으면 '그랬었나?' 하는 생각이 들게 되고, 아이에게도 "그랬었구나."라는 답을 하게 되겠지요. 아빠가 그렇게 반성하는 태도를 보이면, 아이 또한 반성하는 힘이 강해집니다. 타인을 비판하는 것은 자기반성을 하는 힘 또한 자라고 있음을 의미하기 때문입니다.

아이에게 비판받았다고 화를 내는 아버지는 교만한 마음을 가진 사람입니다. 교만이란 권력적인 입장에서 타인을 지배하고자 하는 의식에서 생겨납니다. 특히 약한 입장에 있는 사람 앞에서 그 의식이 강해집니다. 그런 아빠에게 분명하게 "아빠도 그러면서!"라고 말할 수 있다는 것은, 자발성이 훌륭하게 자라고 있는 증거입니다.

왕따시키는 아이

　왕따가 사회적인 큰 문제로 대두되고 있으면서도, 의외로 그 아이의 자란 환경을 문제 삼지 않는 것은 왜일까요?

　요즘 학교들은 규칙이나 약속을 잔뜩 만들어서는 아이들을 칭칭 얽어매고 있습니다. 아이들에게 체벌을 가하거나 말로 학대하는 교사와 그것을 암묵적으로 인정하고 있는 교육계의 체제 또한 엄하게 추궁되어야 하며, 동시에 개선안을 제시할 필요가 있습니다.

　그러나 한편으로는 그 아이의 살아온 환경을 캐보는 것도 잊어서는 안 됩니다. 그것은 왕따라는 공격적 행동이 욕구불만에서 생겨난 정서불안의 상태를 표현하고 있기 때문입니다.

　30여 년간 매년 실시하고 있는 여름 캠프에서도 꽤나 확연하게 약한 아이를 왕따시키는 아이들이 있습니다. 초등학생을

　　　　　　　　　　　　　아이에게 맡겨라

대상으로 하는 이 캠프는, 우리들이 아이와 함께 생활하면서 아이의 상태를 관찰하기는 하지만 아이를 야단치는 일이 없기 때문에, 아이들은 꽤나 대담하게 자기를 표현할 수 있습니다.

4학년생인 모토오는 뭔가 이유를 붙여 친구를 괴롭히는 일이 많고, 더구나 아이들과 편을 만들어 왕따를 시킵니다. 우리에게는 손이 가는 장애아가 있었는데, 그 아이를 욕조에 빠뜨리자고 친구들에게 하는 이야기를 들었습니다. 물론 우리가 장애아와 함께 목욕을 하기 때문에 그 일을 막을 수는 있었지만, 또 어떤 일을 꾸밀까 걱정스러웠습니다.

모토오는 왜 그런 마음을 먹은 것일까요? 그것은 장애아에게 어른들이 이것저것 신경을 써주는 것을 보고 질투심을 느꼈기 때문입니다.

모토오에게 또 하나 신경 쓰이는 일은, 어른들 앞에서는 나무랄 데 없이 행동하면서 시키는 일은 뭐든지 거부감 없이 따른다는 겁니다. '착한 아이'로 평가받고 싶다는 마음이 눈에 훤히 보입니다. 어머니와 면담을 해보아도, 학교에서 딱히 문제도 없고 선생님에게도 칭찬을 받는 편이라고 합니다. 어른들에게 '착한 아이'로 보이고 싶어서 교사가 칭찬할 만한 행동을 하는 것이겠죠.

어머니의 말씀 중에 귀에 들어온 것은, 모토오의 학업성적

을 올리기 위하여 어렸을 적부터 이런저런 노력을 해왔다는 사
실입니다. 유아 대상의 재능교실에도 보냈었고, 통신판매의 교
재를 시킨 적도 있었습니다. 남편의 가방끈이 짧아서 사회적으
로 출세하지 못한 것에 불만을 품은 어머니가 모토오에게는 엘
리트코스를 밟도록 해주고 싶었기 때문입니다. 이런 어머니일
수록 아이와 정서적 교감을 만드는 데는 노력을 게을리 하는
경우가 많습니다.

저는 유아기에 어떤 스킨십을 해주었는지, 즉 안아주거나
무릎에 앉히거나 곁에서 함께 잠을 잤는지 등을 물어보았지만,
모토오의 어머니는 질문의 의미를 모르겠다는 얼굴로 저를 바
라보았습니다. 그러면서 모토오는 어리광을 부리지 않는 아이
였다고 말했습니다.

만 세 살도 안 된 아이가 엄마에게 몸으로 어리광을 부리
지 않는 것은, 모자간의 정서적인 결합이 이루어지지 않았다는
것을 의미합니다. 그런 아이는 정서 발달이 늦어져 차가운 마
음의 소유자가 됩니다.

　　　　　　　　　　　　　　아이에게 맡겨라

스킨십 없는 육아

중학생이나 고등학생이 되어 등교거부를 하게 된 아이들 중에는 엄마의 이불 속으로 기어들어오는 아이가 있습니다. 여자아이라면 엄마로서도 함께 자고 싶은 마음이 생기겠지만, 남자아이라면 엄마보다 몸집도 크고 수염도 나고 목소리도 변한 다 큰 아이를 받아들이기가 쉽지 않을 것입니다. 게다가 성적인 행위에 대한 두려움을 갖는 어머니도 있습니다.

그러나 어렸을 때부터의 커온 환경을 자세히 들어보면, 스킨십이 부족했다는 것을 확실히 알 수 있습니다. 특히 젖먹이 때 방치해 둔 아이가 많은데, 그런 아이는 생후 7~8개월쯤부터 강해지는 낯가림이 나타나지 않습니다. 즉 모자간의 정서적인 결합이 성립되지 않은 것입니다.

그것을 깨닫고 맘을 다잡아 함께 잠자리에 드는 일을 반복

한 어머니가 있었습니다. 고등학생인 아들과 한 이불을 덮고 자는 일이 쉽지는 않았지만, 아들을 위한 일이기에 못할 것도 없었습니다. 그렇게 3주일이 지났습니다. 보통 등교거부아들은 밤낮이 바뀌어 생활하곤 하는데, 엄마와 함께 자는 동안에는 밤에 편안하게 잤으며 표정도 밝아졌다고 합니다. 물론 성적인 행동은 전혀 보이지 않았습니다.

엄마가 함께 자는 것을 거부하면 자기 이불을 가져와서 엄마 옆에 눕거나 엄마 이불 구석에 누워서 엄마의 발을 간지럽히는 아이도 있습니다. 왜 그런 행동을 하는 것일까요?

등교거부아는 학교에 가야 한다는 사실을 충분히 알고 있지만, 그럴 수 없는 자신에게 화가 나서 정서가 불안해지고 괴로운 겁니다. 그 괴로움을 엄마와 함께 잠으로써 완화시키려는 것이죠. 무언가 불안한 일이 있으면 엄마 무릎에 앉는다거나

　　　　　　　　　　　　아이에게 맡겨라

밤중에 엄마 이불 속으로 들어가는 두세 살 아이의 마음과 아주 비슷합니다. 즉, 정서상태가 그 나이에 멈춰 있는 것이라고 할 수 있지요.

몸으로 엄마에게 어리광을 부리는 것은 아이의 발달에 매우 중요한 단계입니다. 그런데 그 무렵 어떤 이유로든 엄마에게 거부당한 기억이 현재의 등교거부라는 방식으로 표현된 것입니다.

같이 자는 것이 아무래도 힘들다고 하시는 어머니에게는, 무엇이든 기회를 엿보아서 스킨십을 하도록 제안하고 있습니다. 어깨가 결리다고 하면 오랜 시간 정성껏 안마를 해주는 어머니도 있고, 매일 무릎베개를 해주고 귀청소를 해주는 어머니도 있습니다. 잦은 스킨십으로 아이의 정서가 안정된 예를 저는 지금까지 많이 보아왔습니다. 스킨십은 사춘기 이후의 아이에게 아주 중요한 의미가 있으며, 문제행동 치료에도 크게 도움이 됩니다.

다시 한 번 아이에게 스킨십이 어떤 의미를 지니는지 확실히 새겨둘 필요가 있습니다. 특히 세 살 이하의 아이에게 스킨십은 아주 중요한 의미를 지닙니다. 몸으로 부리는 어리광은 아주 중요한 발달과제입니다.

part 4

'착한 아이'의 틀에 묶여

아이의 장난이 야단칠 일?

'아이가 착한 일을 하면 칭찬하고, 나쁜 짓을 하면 야단친다.' 아이의 교육에 관해 언급하고 있는 책이라면 당연하다는 듯 나와 있는 말입니다. 그러나 이때의 '착한' 일과 '나쁜' 짓은 무엇을 기준으로 평가해야 하나요?

그 기준이 부모나 교사의 개인적 판단이나 어른들의 이해관계에 의한 것은 아닌지요? 그리하여 '착한 아이'인데도 부모나 교사에게 '못된 아이'라고 평가받아 인격형성에 문제를 만드는 예가 아주 많습니다.

예를 들어, 아이가 아장아장 걷기 시작하면 바로 시작되는 '장난'은 부모 입장에서 보면 난감하기 이를 데 없습니다. 중요한 서류를 찢어버리기도 하고, 티슈를 전부 뽑아 놓기도 하고, 벽이나 문에 낙서를 하기도 하고, 간장병을 엎는 등 피해가 이만저만이 아닙니다. 그것을 '나쁜 짓'이라고 하며 "떼찌!"라든가 "안 돼!"라고 소리치며 혼을 냅니다.

그러나 아동심리학 연구에서 '장난'은 '탐색욕구에 기반을 둔 행동'으로써 아이의 정신발달에 아주 중요한 의미를 지닙니다. 어른들 말로 연구심이라든가 탐구심이라고 해도 좋은 것이 바로 탐색욕구입니다. 강한 호기심을 기초로 하여 손에 잡히는 물건을 구기거나 찢어보고, 입에 넣어보기도 하며 그 물건의 실태를 찾는 것입니다. 그런 까닭에 '장난'은 '좋은 일'이며 야단쳐서는 안 됩니다.

'장난'을 치다 야단을 맞으면 호기심을 억압받아 자발성 발달도 멈추고 맙니다. 자발성이란 스스로 생각해서 놀이를 발견하고, 타인에게 의지하지 않고 놀이를 전개하는 힘입니다. 그런데 그 힘의 발달이 멈춘다고 생각해 보십시오. 아이에게 제일 먼저 나타나는 것은 무기력증입니다. 이 무기력은 유아에게 '얌전'이라는 행동이 되어 나타나는 경우가 많은데, 부모나 교사는 얌전한 아이를 '착한 아이'라고 평가하여 칭찬하는 일이 적지 않습니다. 그것은 어른들 입장에서 돌보기 쉽고 손이 가지 않기 때문이므로, 이런 평가는 그야말로 어른들의 이기심에 의한 것이라고밖에 할 수 없지요.

무기력한 아이는 초등학교에 들어가면 학습의욕에도 영향

   아이에게 맡겨라

을 미칩니다. 말하자면 학습능력이 발휘되지 않는 것이죠. 그 때가 되어서야 부모나 교사는 아이에게 '의욕이 없다' 같은 말을 합니다. 정말 할 말이 없습니다. 그야말로 한심한 노릇이죠.

간혹 무기력하긴 하나 교사나 부모에게 받은 과제는 순순히 따라서 좋은 성적을 내는 아이도 있습니다. 그런 아이는 교사나 부모에게 들은 말을 잘 지키기 때문에 그야말로 '착한 아이'라고 평가받습니다.

하지만 자발성은 발달해 있지 않기 때문에 사춘기 이후에 등교거부를 한다든지 노이로제 증상을 보이게 됩니다. 이러한 아이의 커온 환경을 자세히 살펴보면 '얌전한', '예의 바른', '야무진' 등의 행동에 의해 '착한 아이'라고 평가받고 있음을 알 수 있습니다.

저는 이런 평가야말로 완전히 잘못된 판단이라는 것을 부모와 교사가 빨리 깨우치기를 바랍니다. 하지만 대부분의 어른들이 이런 엉터리 평가를 받지 못했던 아이들을 보고 '나쁜 짓'을 하고 있다며 야단을 치고 있으니 기가 막힐 노릇입니다.

장난치는 아이, 반항하는 아이로 키우자

유치원이 다섯 살 반부터 있는 것은 왜일까요? 아동발달 과정을 생각하면, 만 세 살에서 네 살 사이에 적극적으로 친구를 원하는 마음이 강해지기 때문입니다. 이는 자발성이 순조롭게 발달하고 있는 아이에게 나타나는 현상이기 때문에 자발성의 발달을 평가하는 커다란 기준이 됩니다.

아이가 친구와 적극적으로 놀지 않으려고 한다면, 그 아이는 자발성의 발달이 늦어져 있다고 보면 됩니다. 이미 '친구를 사귀는 능력'에 문제가 생겼다는 적신호를 보내고 있다는 뜻입니다. 이런 아이들의 커온 환경을 살펴보면 대체로 두 가지 공통된 문제점이 있습니다.

첫째, 간섭이 많았던 탓입니다. 아이들에게 자발성이 발달하면서 함께 나타나는 '장난'이나 '반항'을 나쁜 짓이라며 야단

　　　　　　　　　　아이에게 맡겨라

치거나 때리는 등 압력을 가하여 얌전하게 말 잘 듣는 아이, 즉 잘못된 '착한 아이'의 틀에 끼워 맞춘 겁니다. 즉 생기 있게(의욕적으로) 놀 수 없는 아이로 만들어버린 탓입니다.

간혹 각종 학원을 돌아다니느라 '장난'할 시간조차 없는 아이도 있습니다. 요컨대 부모의 명령적 압력이 아이에게 영향을 미쳐 이미 마음의 '자유'를 잃어버린 것입니다.

물론 이들 중 행동거지가 바른 아이는 주변 사람들에게 "정말 착하구나."라는 칭찬을 받을지도 모르지만, 그것은 아동 발달에 관한 지식이 없기 때문입니다. 우리는 그런 아이를 보면 하루라도 빨리 틀에서 벗어나게 도와주고 싶어집니다. 그래서 어머니와 아버지께 명령적인 압력을 가하지 않도록, 간섭을 하지 말라고 부탁을 드립니다. "개구쟁이를 만들어주세요!", "'반항'을 할 줄 아는 아이로 키워주세요!" 하고 아이를 대신하여 부르짖습니다.

둘째, 아이의 자발성 발달을 방해하는 요소는 과보호입니다. 잔소리를 해대며 이것저것 간섭을 하지 않을지는 모르지만, 아이에게 '맡기는' 것이 필요한데 그만 부모가 개입해 버리는 겁니다.

이러한 아이에게는 책임 능력이 키워지지 않고, 타인에게 의지하려는 의존심만 강해집니다. 그 결과 집 밖으로 나가면

가족들처럼 자기를 돌봐주지 않기 때문에 불안과 긴장이 심해
집니다. 친구와 놀기보다는 선생님의 손을 잡거나 뒤를 쫓아다
니지만, 여러 아이를 보살펴야 하는 선생님 입장에서는 아이가
원하는 것을 모두 받아줄 수는 없습니다. 결국 아이는 부모에
게 유치원에 가고 싶지 않다고 떼를 쓰게 되죠. 과보호가 계속
되는 한 친구를 사귀는 능력은 발달하지 않습니다.

유치원의 첫 번째 목적은 친구를 만드는 능력, 즉 사회성
발달을 지원하는 것에 있습니다. 살면서 무엇보다 꼭 필요한
능력이기 때문입니다.

아이의 자발성 발달은 자유롭게 노는 것을 중시하는 환경
에서 실현된다는 것을 명심하십시오. 자유놀이는 아이의 자발
성을 중요시하는 보육 속에서 실현할 수 있습니다. 그에 반하
여 글자나 숫자를 가르치고, 예의범절을 가르친다고 광고하는
유치원의 보육은 아이의 자발성에 압력을 가하는 꼴입니다.

예의 바르고 얌전한 아이로 키우고 싶다는 부모의 욕심이
얼마나 위험한 것인지 다시 한 번 생각해 보아야 합니다.

   아이에게 맡겨라

갑작스런 등교거부

요시아키는 아빠의 권유로 〈야생조류 동호회〉에 들어가
새 관찰에 푹 빠졌습니다. 그것이 초등학교 3학년 때의 일입니
다. 어떤 일에 열중하는 것은 발달기의 아이에게 아주 중요한
과정입니다. 학교 일은 제쳐두고라도, 한 가지 일에 집중하는
시기가 있었다는 것은 앞으로의 인생을 풍요롭게 하는 일이기
도 합니다.

그러나 요시아키의 경우에는 한 가지 문제점이 있었습니
다. 그것은 요시아키의 부모가 지식적인 면에 편중한 나머지,
친구 사귀는 능력을 고려하지 않은 일입니다.

부모는 야생조류에 관한 이런저런 자료를 준비해 주기도
하고, 망원경처럼 새 관찰에 필요한 물품을 사주기도 하였습니
다. 요시아키는 적극적으로 흥미를 보이며 풍부한 지식을 습득

하였습니다. 그 결과, 야생조류 동호회 멤버들에게 장래에 〈야생조류 동호회〉를 짊어지고 갈 인물이 될 거라는 이야길 들을 정도였습니다.

그러나 요시아키에게는 유치원 때부터 함께 놀 친구가 없었습니다. 머리가 좋고, 그림에도 소질이 있어서 유치원 선생님으로부터도 '우수'하다는 평가를 받았었고, 초등학교에서도 학업성적이 특출 나게 좋아 담임선생님에게 "동경대도 문제없겠어!" 같은 소리를 들었을 정도여서 부모는 그것으로 충분히 만족하였습니다.

하지만 중학생이 된 다음부터 조금씩 불안한 상태가 나타났습니다, 2학년이 되자 "2등 좀 하면 어때?" 같은 소리를 하게 되었습니다. 그것은 1등이라는 영광에 빛나던 성적이 떨어질 것에 대한 불안한 마음의 표현이었습니다. 그리고 결국에는 등교거부를 하게 되었습니다. 그대로 학교에 다니면 1등자리를 뺏기게 될 거라는 강한 불안감 때문이었지요.

요시아키를 '흠 잡을 데 없는 아이'라고 생각하고 있던 부모는, 어찌하여 아들이 등교거부를 하게 되었는지 전혀 마음에 집히는 부분이 없다고 했습니다. 학교를 가라고 해도 완강히 거부하고, 결국에는 부모에게 폭력을 휘두르는 상태까지 되자, 더 이상 손을 쓸 수 없게 된 부모님이 우리 상담실을 찾은 것이

　　　　　　　　　　　　　아이에게 맡겨라

지요.

지금까지 요시아키의 성장과정을 들으면, 외면적으로는 그야말로 흠잡을 데 없는 아이라고 평가하고 싶어집니다. 한마디로 어른들이 좋아할 만한 '착한 아이'로, 부모의 말도 잘 듣고 두 살 터울의 남동생도 잘 돌봐주었다고 합니다. 그러나 아이의 정상적인 발달, 특히 자발성의 발달 면에서 보면 심각한 문제가 아닐 수 없습니다. 아이에게 반항기는 꼭 있어야 하며, 동생을 울리는 행동 또한 보여야만 합니다.

요시아키는 부모들이 원하는 '착한 아이'의 틀 안에 갇혀 자신의 감정을 누르고 있었던 겁니다. 그것이 사춘기가 되어 폭발한 것이죠.

부모님은 우리의 말을 충분히 이해하고 받아들여서 이후 요시아키에게 모든 것을 맡기게 되었습니다. 즉 학교를 가지 않고 폭력을 휘두르더라도, 그것이 요시아키의 억압당한 마음의 분출이라고 생각하여 아무런 비난도 하지 않았습니다. 그 결과, 2년 후에는 스스로 자신의 생활을 재정리하고 자발적으로 학교에 나가게 되었습니다.

비로소 요시아키는 잘못된 '착한 아이', '머리 좋은 아이'의 틀에서 자신을 해방시킨 것입니다.

가정 내 폭력

아이의 폭력이 너무 심해 생명의 위협을 느끼고 있다며 한 어머니가 저를 찾아왔습니다. 아이와 함께 죽으려고까지 했다는 어머니가 "어렸을 때는 그렇게 말 잘 듣던 아이가 어떻게 이렇게까지 되었는지 모르겠어요."라며 울먹였습니다. 우리나라 부모의 60~70%는 자식을 '착한 아이'로 키우고 싶어 하며, 순종적으로 부모의 말에 따르는 아이를 '착한 아이'라고 규정짓는 경우가 아주 많습니다.

말을 잘 듣는다는 것은 봉건적인 사고임에도 불구하고, 어찌하여 오늘날에도 역시 부모의 의식 안에 뿌리 깊게 남아 있는 것일까요? 이는 우리나라의 사회적 배경에 봉건적인 부분이 뿌리 깊게 박혀 있기 때문이며, 학교 교육에서도 교사의 대부분이 봉건시대의 의식을 버리지 못하고 있기 때문입니다. 우리나라와는 대조적으로, 구미에서는 말 잘 듣는 아이보다는 자기주장을 확실히 표현할 수 있는 아이로 자라기를 원합니다.

유아기든 아동기든 부모나 교사의 말을 잘 듣는 아이란, 어른들의 명령적 압력에 굴복하는 아이입니다. 강한 압력 닷에 교사나 부모가 바라는 '착한 아이'의 틀에 묶여 꼼짝도 못하는 상태가 된 겁니다. 더구나 '착한 아이'라고 칭찬을 받아왔던 터라 말 잘 듣는 자신에 대해 자부심마저 느끼는 경우도 있습니다. 그 결과 자발성이 현저하게 늦어지는 것이죠.

자발성이란 스스로 생각하여 스스로 행동을 선택하고, 타인에게 의지하지 않고 행동하는 힘입니다. 이 힘이 발달하기 위해서는 '장난(탐색행동)'이나 '반항'이 허용되어야 하며, 진정한 의미에서의 '자유'가 주어져야만 합니다.

진정한 '자유'는 아이의 활동을 계속 지켜보면서도 참견하지 않고 도와주지 않는 부모에 의해 실현됩니다. 즉, 아이에게 모든 것을 맡길 수 있는 부모여야 합니다. 그런 부모는 아이를 절대 방임하는(내쫓는) 일은 없습니다.

과거에 말 잘 듣던 아이가 어찌하여 부모에게 폭력을 휘두를까요?

사춘기가 되어 자발성을 요구하는 상황이 많아지면, 아이는 어떻게 행동해야 할지 몰라서(스스로 결정할 수 없어서) 괴로워집니다. 그리고 그 괴로움이 다 부모 탓이라고 생각하여 부모를 미워하게 되는 거죠.

"내가 이렇게 힘든 건 당신들 때문이야!"라며 부모를 책망하고, "지금까지의 나는 다 거짓이었어!"라고 소리칩니다. 예의 범절을 가르친다는 명목으로 억압하며, 부모들이 나서서 아이를 거짓말쟁이로 만들어버리고 있지는 않은지 생각해 보아야 합니다.

자신의 마음을 있는 그대로 표현할 수 있는 활기찬 아이는 '장난'이나 '반항', 나아가 '싸움'을 반복하면서 성장합니다. 그것이 아이들입니다.

　아이에게 맡겨라

허세를 버리자

　세 명의 아이들이 각기 다른 문제행동을 보인다며 걱정이 가득한 얼굴로 한 어머니가 우리 상담실을 찾아왔습니다. 엄마로써는 최선을 다해 키워왔는데 어찌하여 이런 일이 생긴 것인지, 그 원인을 전혀 알지 못하겠다면서 불안한 표정을 지었습니다.

　그러나 몇 차례 이야기를 나누는 동안, 그 어머니는 자신이 생각하고 있던 '착한 아이'의 틀 안에서 벗어나지 못하도록 아이들에게 많은 간섭을 했다는 사실을 깨달았습니다. 게다가 자신이 생각하고 있던 '착한 아이'가 되어주지 않는 아이들에게 매일매일 화가 나 있었다는 사실도 인정하게 되었습니다.

　아이의 자발성을 키우기 위해서는 아이에게 맡기는 일이 얼마나 중요한지를 점차 알게 되면서, 자신이 얼마나 나쁜 교육을 해왔는지를 깊이 반성하게 되었습니다. 하지만 동시에 자신을 키워준 어머니에 대한 분노도 커졌습니다. 그것은 지금까지 자신의 어머니가 '완벽하게 훌륭한 어머니'라고 생각한 것에 대한 분노이기도 했습니다. 그녀는 완벽한 엄마가 자신을 교육시킨 것처럼 자신의 아이들을 키웠다고 합니다.

물론 다른 시점에서 보면, 자신이 어머니가 생각했던 '착한 아이'의 틀에 갇혀 부모의 말을 잘 듣고 예의가 바른 착한 아이가 됨으로써 주위 사람들에게도 칭찬받았고, 학교 선생님에게도 '착한 학생'이라는 소리를 들어왔으며, 그런 세월이 있어 지금의 남편과도 만나게 되었다고 생각하고 있었습니다. 자신만만한 인생이었던 셈이지요.

그러나 아이들이 문제행동을 보이게 됨으로써 스스로 반성할 기회를 얻고, 과거의 자신이 얼마나 외면만 멋지게 보이고자 했던가를 깨달았다고 합니다. "지금 제 어머니 행동을 다시 생각해 보면, 표면적으로는 사람들과 잘 지내며 모두에게 좋은 사람이라고 인정받았지만, 거짓으로 일관된 하루하루를 보내고 있었다는 생각이 들어서 화가 납니다. 제게 자주 전화를 하시는 편인데, 그 내용이라는 것이 하도 허세만 가득해 그만 수화기에 대고 거친 말들을 내뱉고 맙니다."

그녀의 어머니를 키운 어머니, 즉 할머니도 어머니와 비슷

하다고 합니다. "분명 사람들의 눈만 의식하면서 살아온 것이 겠지요. 할머니에서 엄마, 엄마에서 저로 이어지며 계속되어온 허세에 대해 아이들이 반항했다는 것을 깨달았습니다."

다른 사람과 거리낌 없이 잘 사귀고, 다른 사람들을 '배려' 하는 것처럼 행동하여 남들에게 '좋은 사람'이라고 평가받는다 고 하여도, 그것이 진심이 아닌 경우가 적지 않습니다. 어쨌든 우리나라에서는 진심보다는 남의 눈을 중요시 여기는 경향이 강하고, 그것이 아이의 인격형성에도 여러 가지 나쁜 영향을 미칩니다.

"3대째인 제가 그나마 진심을 보일 수 있게 되어 다행입니 다. 이게 다 아이들 덕분입니다."라며 지난 시간들을 후회한 어 머니의 진심이 통했는지, 결국 아이들의 문제행동 또한 점차 사라져 갔습니다.

만들어진 '착한 아이'

　　최근 5년 동안 저는 예의범절에 대한 교육을 시키지 말자고 제언해 왔습니다. 더욱 엄하게 가르쳐야 한다는 말이 나오는 요즘 시대에 그야말로 역행하는 것이라고 할 수 있겠지요. 하지만 저의 신념을 확고합니다. 지금까지 제가 이야기해 온 것처럼, 엄한 교육을 받아온 아이나 어른들 눈에 맞춘 '착한 아이'가 사춘기 이후에는 오히려 여러 가지 문제행동을 일으키는 예가 많기 때문입니다.

　　교육이라고 하면 명령적 압력을 가하는 부모가 많습니다. "○○을 해야지!", "○○하면 안 돼!" 같은 식입니다. 게다가 그런 부모와 교사는 명령에 순종적으로 따르지 않으면 야단을 치거나 매를 드는 경우가 아주 많습니다.

　　혼이 나고 매를 맞는 것이 무서워서 아이는 명령에 따르

아이에게 맡겨라

고, 부모나 교사가 원하는 '착한 아이'의 모습을 보일 수밖에 없지만, 그것은 거짓된 모습에 불과합니다.

다시 말해서, 아이의 자발성은 억압상태에 놓인 채 적의를 감추고 단순히 시키는 대로 할 뿐이기 때문에, 이런 아이들이 사춘기가 되면 여러 가지 형태로 폭발하는 것이지요. 등교거부나 노이로제, 심신증, 정신병적 반응, 심지어 자살로 표현되기도 하며, 가출을 하거나 비행청소년이 되는 경우도 있습니다.

고등학교 3학년 때 정신병적 반응을 보여 환각이나 망상 증상으로 부모를 불안의 구렁텅이에 빠트린 소년이 있었는데, 소년의 아버지는 엄한 교육을 중시하는 사람이었습니다. 아버지는 늘 어머니에게 엄하게 교육시키라고 명령하며, "어리광을 받아주면 안 된다."고 말하곤 했습니다. 결국 아이는 어렸을 때부터 엄마에게 몸으로 어리광을 부려본 적 없이 완벽한 모범생으로 초등학교와 중학교 시절을 보냈습니다.

이런 아이에게는 친구가 별로 없고, 있다고 해도 비슷한 부류의 아이들인 경우가 아주 많습니다. 그러나 학교 선생님에게는 '착한 아이'로 평가받고 있기 때문에 융통성 없는 모범적 자세에는 박차가 가해진 셈입니다.

이런 아이를 치료하려면 무엇보다 몸으로 어리광을 실현하는 일, 즉 스킨십을 성립시키는 일이 중요합니다.

다행히 어머니는 어린 시절의 교육법이 잘못되었다는 것을 깨닫고, 스킨십을 실현해 주었습니다. 덩치도 크고 수염까지 난 다 큰 아들이었지만 한 이불을 덮고 같이 잤습니다. 아이는 엄마와 함께 자는 것에 집착하였습니다. 어렸을 때부터 소원하는 일이 겨우 실현되었기 때문입니다.

그 결과, 약 6개월 만에 환각이나 망상이 사라져서 엄마와의 대화도 자연스러워졌으며, 자신의 요구를 표현할 수도 있게 되었습니다. 그 요구는 때론 너무도 이기적인 것이었지만, 어머니는 그것마저도 받아들였습니다.

그 사이 엄마에게 폭력을 휘두르는 일도 있었지만, 어머니는 그것마저도 잘 견뎌냈습니다. 덕분에 아이의 자발성도 발달하기 시작했습니다.

그 사이 4년이란 세월이 흘렀고, 아이는 자발적으로 진학할 학교를 정하고 대학에 입학했습니다. 어머니의 너그럽고 따뜻한 마음이 아이를 완전히 다시 태어나게 한 것입니다.

친구 사귀는 능력을 키우려면

여러분들은 아이의 '친구 사귀는 능력'에 관심을 가지고 계신지요?

'친구 사귀는 능력'은 사회성이라고도 불리는데, 친구와 적극적으로 놀고자 하는 의욕이 있고, 아무 생각 없이 친구와 신나게 놀 수 있는 능력입니다. 간혹 자기주장의 충돌로 인하여 싸움도 하지만, 아이들은 금방 다시 화해하고 즐겁게 놉니다. 이런 모습은 '갱에이지'로 불리는 만 일곱 살에서 아홉 살에 걸쳐 확연하게 나타납니다.

갱에이지란, 친구와 그룹을 만들어 놀이에 열중하는 것을 좋아하는 연령이라는 의미입니다.

제가 어렸을 때는 학교에서 돌아오면 책가방을 던져놓고 친구들이 모여 있는 곳으로 뛰어가 날이 어두워질 때까지 놀곤 했습니다. 그 장소 또한 각각이었지요. 어느 날은 들판이기도 했고, 어느 날은 절벽이기도 했고, 또 어느 날은 숲이기도 했습니다. 친구와 멀리까지 놀러 갔다가 돌아갈 시간을 엉뚱하게 계산하는 바람에 어두컴컴해져서야 집에 돌아와 부모님들에게 걱정을 끼치기도 했지만, 친구들과 함께 모험심을 키우며 충실감을 맛볼 수 있었습니다.

다카오는 초등학교 3학년이지만 친구가 없습니다. 친구가 하나 있긴 한데, 우표수집이라는 공통된 취미 때문에 가끔 어울릴 뿐입니다. 따라서 학교에서 바로 집으로 돌아온 다음에는 가까운 도서관에 가는 날이 많습니다. 다카오는 책이나 도감 읽는 것을 무척 좋아하고, 사실 풍부한 지식을 가지고 있습니다. 물론 학업성적도 좋습니다.

담임선생님이 다카오를 칭찬하는 것은 시험 성적이 좋기 때문일 뿐, 다카오가 친구와 어떻게 노는지는 알지 못합니다. 친구들이 교정에서 스포츠에 열광하고 있을 때도 다카오는 혼자서 교실에서 책을 읽습니다.

물론 다카오가 친구를 원하지 않는 것은 아닙니다. 친구에게 먼저 말을 거는 일도 있지만, 그 화제라는 게 만물박사나 하는 말들이라 개구쟁이들은 그의 이야기가 지겨워집니다. 그래서 그가 다가가려 해도 멀리하게 되죠.

 아이에게 맡겨라

왜 다카오 같은 소년이 생기는 걸까요?

그것은 부모가 머리 좋은 아이로만 키우고 싶어서 유명대학에 들어가는 것만 생각하기 때문입니다. 성적표에 신경을 쓰고, 학습에 관계된 것이라면 비싼 물건이라도 사주지만, 친구를 사귀는 능력에 대해서는 거의 신경을 쓰지 않습니다.

이런 아이가 중학생이나 고등학생이 되면 어떻게 될까요?

등교거부아의 대부분이 친한 친구가 없습니다. 친구가 없는 아이는 외롭습니다. "어떻게 친구를 사귀어야 할지 잘 모르겠어요."라고 말하는 아이마저 있습니다. 자살을 하는 아이들도 친구가 없어 외로웠다는 사실이 눈에 띕니다.

자발성이 순조롭게 발달하고 있는 아이라면, 친구를 사귀는 능력은 만 세 살에서 네 살 사이에 적극적으로 친구와 놀려는 행동으로부터 시작됩니다. 그런 의미에서 유치원이나 어린이집의 역할이 크다고 할 수 있지요.

우울증에 빠지는 '착한' 아이들

아츠코는 열일곱 살 무렵부터 우울증이라는 진단을 받고 약물 치료를 받았습니다. 좀 상태가 호전된 듯하여 다시 학교에 나가면, 얼마 안 있어 다시 우울증세를 보이며 방에서 나오려고도 하지 않습니다. 잠들지 못하는 밤이 계속 되고, 함께 사는 가족과도 거의 대화가 없으며, 몸이 안 좋다고 하면서도 병원에는 가려고 하지 않았습니다.

세 번째 우울증 상태가 되었을 때, 어머니는 걱정 끝에 우리 상담실을 찾아오셨습니다. 한 시간에 걸쳐 아츠코의 어린 시절부터 자라난 환경에 대하여 이야기를 들어보았습니다. 아츠코는 만 두 살쯤부터 더러운 것을 싫어해서 옷 같은 것이 더러워지면 아주 신경을 썼다고 합니다. 또 아주 착실하고 꼼꼼해서 아주 작은 일이라도 제대로 해내지 않으면 성이 차지 않

     아이에게 맡겨라

았고, 정리정돈 같은 것도 아주 잘했기 때문에 특히 학교 선생님에게 칭찬받는 일이 많았다고 합니다.

그러나 친구는 많지 않았고, 아츠코도 적극적으로 친구를 원하지 않았다고 합니다. 학교에 준비물을 잊는 일도 없고, 숙제도 언제나 잘 해갔기 때문에 학교 선생님에게도 주의 받을 만한 일은 전혀 없어서, 어머니도 자신의 교육에 아무런 의문점을 갖지 못했다고 합니다.

어머니도 자라면서 할머니의 엄한 교육을 받아왔고, 덕분에 만들어진 성실한 성격은 지금도 변함이 없습니다. 물론 어머니 자신은 할머니에게 반항한 일도 있었고, 나쁜 줄 알면서도 게으름을 피웠던 적도 있었다고 합니다. 하지만 아츠코는 말을 잘 들어서 자신에게 한 번도 반항한 적이 없으며, 엄마에게 지적을 당하기 전에 스스로 알아서 착실하게 생활하고 있었던 겁니다.

우리나라에서는 꼼꼼하고 성실하면 좋은 평가를 받는데, 이런 사람들이 아주 작은 생활의 변화나 곤란한 상황에 처하면 좌절하여 우울증에 빠지고 맙니다.

아이에게는 원래 칠칠치 못한 면이 있어서 정해진 생활을 하지 못하고 뒷정리도 엉망인지라, 엄마로서는 바로 야단치고 싶어지는 적이 한두 번이 아닐 겁니다. 그것이 아이다운 아이의 모습입니다.

우울한 상태에서 벗어나고자 아츠코는 일주일에 한 번 우리에게 카운슬링을 받기 시작했습니다. 그리고 조금씩 자신의 성실함에서 해방되어갔습니다. 즉 우울증에 빠졌던 게으른 자신에게 가지고 있던 죄악감에서 해방된 것입니다. 몇 번인가 다시 우울증에 빠질 뻔 하기도 했지만, 카운슬링을 하면서 여러 이야기를 나누는 사이에 다시 회복되었습니다.

착실한 아이는 어른 입장에서 보면 '착한 아이'처럼 보이겠지만, 이미 자신을 '착한 아이'의 틀 안에 묶어둔 터라 사춘기가 되면 우울증에 빠지는 일이 많습니다. 아이다운 아이로 성장할 수 있게 너그러운 부모가 되도록 노력합시다.

어린 시절을 다시 만들다

Y는 별다른 문제없이 대학에 입학했지만 "무엇을 해야 할지 모르겠어요.", "사람들을 만나는 게 두려워요." 같은 고민을 가지고 저에게 상담하러 왔습니다. 계속 눈을 내리깐 채 제 눈을 정면으로 바라보려고도 하지 않았습니다. 정면으로 응시할 수가 없는 것입니다.

저는 그가 어렸을 때부터 어떤 아이였는지, 어떻게 커왔는지 이야기해 달라고 했습니다. 초등학교에 들어가기 전에는 유명 사립학교에 들어가기 위하여 재능교실 같은 곳에 다녔고, 엄마가 사다준 학습지를 매일 풀어야 했다고 합니다.

그러나 목표로 했던 학교에는 들어가지 못해서, 엄마는 다시 유명 중학교에 가는 것을 목표로 하여 1학년 때부터 가정교사를 붙여주었습니다. Y는 엄마가 하는 대로 따랐습니다. 딱히 싫지도 않았고, 학교 성적도 좋은 편이었기 때문에 초등학교 생활은 그럭저럭 보냈다고 합니다. 그러나 중학교 입학시험에도 패배의 쓴잔을 마셔야 했습니다.

"초등학교 다닐 때 친구는 많았니?" 하고 물어보자 "아빠가 이것저것 장난감이라든가 게임기를 사주셨기 때문에 친구들이 많이 놀러 왔었어요."라고 답했습니다. 그러나 "네가 친구 집에 간 적은 있었니?"라는 물음에는 거의 없었다는 답이 돌아왔습니다.

이런 상황은 친구가 있는 것처럼 보여도, 그 친구들은 게임센터에 모이는 것과 다를 것이 없기 때문에, Y가 친구를 사귀는 능력과는 아무 상관이 없습니다. 친구 사귀는 능력이 발달하려면, 친구들과 몸으로 부딪치며 노는 기회가 많이 주워져야 합니다. 친구가 없으면 외로워지고, 사춘기의 위기를 넘기기도 어려워지며, 인생행로에서 좌절하는 일도 있습니다.

그 후에도 가정교사는 쭉 있었지만 조금씩 공부가 싫어졌다고 합니다. 엄마에게 가정교사가 싫다고 이야길 했지만, 엄마가 초등학교와 중학교 수험에서 실패한 일을 따지는 통에 저항하기도 어려웠다고 합니다. 엄마의 간섭에 의하여 자발성의 발달도 현저히 늦어져 있었기 때문입니다.

대학 입학을 계기로 처음으로 가정교사가 없어졌습니다.

자발적으로 학습한 일이 적었고, 전반적으로 자발성이 뒤쳐져 있었기 때문에 책상 앞에 앉아도 무엇을 하면 좋을지 모르겠다고 합니다.

"취미가 뭐니?"라고 물어도 고개를 갸웃거리며 "취미라고 할 만한 게 없네요."라는 답뿐이었습니다. 이 상태가 지속되면 인생의 낙오자가 되는 것은 시간문제입니다. 어렸을 때부터 인생을 다시 시작할 필요가 있었습니다. 즉 자발성을 키우기 위한 일이니, 이제는 모든 것을 본인에게 맡기도록 어머니에게 부탁하였습니다.

하지만 아버지는 입학 축하선물로 자동차를 사주면서 집에만 있지 말고 운전면허학원이라도 다니라며 돈을 주었습니다. 그는 학원에 등록은 하였지만 두세 번 나가다 그만두었습니다.

Y의 자발성이 회복하기까지는 5년이라는 시간이 걸렸습니다. 대학은 자퇴를 하고, 스스로 아르바이트 자리를 찾아 열심히 일하고 있습니다. 이제야 비로소 자발성이 발달했다고 할 수 있겠지요.

part 5

가정교육의 중요성

장난을 좋아하는 부모가 되자

만 네 살 전후가 되면 갑자기 장난을 치는 일이 잦아지는 아이가 있습니다. 식사시간이 되면 방구라느니 똥이라느니 하면서 까르륵까르륵 웃으며 좋아라 합니다. 개그맨들의 유행어를 흉내 내며 엉덩이를 내밀기도 합니다. 사진을 찍어주려고 하면 혀를 내밀며 '메롱'을 하거나 손이나 다리를 들어 이상한 자세로 낄낄대기 일쑤입니다. 그런 아이들을 보고 부모들은 어디서 그런 몹쓸 짓을 배웠냐며 야단치는 일이 많습니다.

하지만 그런 장난에 대한 연구를 계속해 온 우리는, 자발성이 순조롭게 발달하고 있는 '착한 아이'에게 그런 행동들이 보인다는 것을 잘 압니다. 우리는 이것이 바로 유머 센스의 시작은 아닐까 생각하게 되었습니다.

구미인과 비교하면 우리나라 사람에게는 유머에 대한 센

스가 아주 부족하다고들 하는데, 구미에서 생활해 보면 그 말에 저절로 고개가 끄덕여집니다. 구미에서는 일상생활에서 유머러스한 화제가 많고, 조크(농담)를 주고받습니다. 거기에는 당연히 웃음이 있습니다. 특히 손님을 초대했을 때는 화제가 풍부하고, 그 화제가 즐거운 분위기를 만들어내야만 합니다. 만약 화제가 끊겨 분위기가 어색해지면 그 파티는 실패라는 말을 듣습니다. 그러므로 호스트인 남편은 어떻게 하면 손님들을 즐겁게 만들지 궁리가 이만저만이 아닙니다.

제가 구미의 친구들을 집에 초대할 때면, 즐거운 분위기를 만들기 위해 어학의 달인을 함께 초대하기도 합니다. 맛있는 음식과 술 등을 대접하는 일은 그 다음입니다. 하지만 우리나라에서 전혀 다르지요. 우리나라에서는 귀한 음식을 내놓는다든지, 취할 때까지 술을 대접하는 것이 메인이 되어 화제에는 그다지 신경을 쓰지 않아도 됩니다. 식사문화의 차이가 절실히 느껴지면서 우리나라 사람들에게 유머나 조크가 부족한 것도 무리가 아니라는 생각이 듭니다.

게다가 구미와 달리 우리나라에서는 진중한 인간을 높이 평가합니다. 구미에서는 진중한 인간은 재미없는 인간이라고 평가받는 일이 많습니다. 리더에게 유머가 없다면 리더의 역할을 잘 수행해내지 못한다고 생각하기 때문입니다.

　　　　　　　　　　　　　　아이에게 맡겨라

　이런 문화적 차이를 생각해 보면, 아이의 장난에 대한 허용도도 달라지는 것이 당연합니다. 진중한 사람에게 장난은 받아들이기 힘든 일이라 야단을 쳐서 그만두게 합니다. 그런 사람은 웃음이 적습니다. 웃음이 적은 진중한 아버지가 귀가를 하면 집안에 긴장감이 감돌게 됩니다.

　아빠에게 "그것도 몰라요?" 하고 장난을 치며 웃는 일은 생각도 할 수 없는 집도 있습니다. 아버지 입장에서는 자신의 진중한 성격 덕에 회사에서도 모두에게 신뢰받는다는 자부심이 있기 때문에 자신이 살아가는 방식을 바꾸려고 하지 않습니다. 그런 남성은 주워진 일은 빈틈없이 잘 해내서 처음에는 평가가 좋지만, 마흔을 넘어 관리직을 맡게 되면 우울증에 걸릴 확률이 높다고 합니다. 아이의 장난을 허용하는 부모가 되었으면 하고 바라봅니다.

가정에서만 할 수 있는 교육

　가정에서의 공부, 즉 가정교육이라는 것은 무엇일까요? 그것은 가정에서만 할 수 있는 일을 말합니다. 일단 집안일이 있습니다. 학교에서도 가정과의 학습이 있지만, 그건 그저 집안일을 흉내 내는 정도에 지나지 않습니다.

　집안일에는 많은 종류가 있습니다. 집안일을 성심껏 도움으로써 생활의 지혜가 생기고, 기술도 몸에 익히게 됩니다. 그것이 아이에게는 생활에 대한 자신으로 이어지기도 하지요.

　먼저 먹을거리를 한번 생각해 볼까요? 만 4~5세가 되면 쿠키를 만들 수 있습니다. 밀가루를 반죽하여 모양을 만들고 구우면 끝입니다. 여러 가지 모양틀을 준비하여 만들 수도 있고, 손으로 제각각 다른 모양을 만들면 즐거움은 배가 됩니다. 만 7~8세가 되면 계란프라이, 볶음밥, 카레라이스 등을 만들

　　　　　　　　　　　　　　아이에게 맡겨라

수 있습니다.

　다케다 씨 집에서는 가끔 일요일 아침과 점심을 아이들에게 맡기곤 합니다. 초등학교 3학년인 형과 유치원에 다니는 여동생이 꽤나 근사한 상을 차린다고 합니다.

　처음에는 엄마가 옆에서 도와주었지만, 자신이 붙은 다음에는 "엄마는 늦잠 주무셔도 돼요."라며 둘이서 아침을 준비했다고 합니다. 큰아이는 자신만의 아침 메뉴를 위해 요리책을 보기도 하고 텔레비전의 요리 프로그램을 열심히 본다고 합니다. 맛을 내는 요령도 익혔습니다.

　설거지에도 흥미를 가지게 되었습니다. 수세미를 이용하면 바로 깨끗해지는 것도 있지만, 밥그릇에 찰싹 달라붙은 밥풀이 잘 떨어지지 않는다거나 기름기 있는 접시는 세제를 사용해도 여전히 미끈거려 애를 먹습니다. '대체 왜 그런 거지?' 의문이 생긴 아이들은 엄마와 함께 백과사전을 보거나 책을 사와서 공부합니다. 아이는 자신이 흥미를 느낀 일에는 꽤 적극적이 되니까요.

　빨래도 조금 가르쳐주었더니 금방 익숙해졌습니다. 발판을 만들어주었더니 이제는 빨래를 널 수 있게 되었고, 요즘에는 다림질도 합니다.

　창문을 닦는 일도 와이퍼를 사용하면 나름 재미있는 놀이가 됩니다. 그것은 아빠가 가르쳐주었습니다.

집안일을 돕는 아이들은 몸이 가볍고 활동적입니다. 노동을 귀찮아하지 않습니다. 하지만 일상생활 속에 엄마가 해주는 것이 많으면 아이는 점점 게으름뱅이가 됩니다. 그리하여 "저것 좀 줘.", "그것 좀 가져다 줘!" 하면서 엄마를 부려먹게 됩니다. 그때가 되어서야 "네가 해야지."라고 한들 꿈쩍도 하지 않습니다.

아이에게 집안일을 분담시키면 실수도 많고 성에 차지도 않아서, 엄마 입장에서는 오히려 손이 가는 일이 더 많습니다. 그러나 교육은 손이 가야만 진짜가 됩니다. 지금 해야 할 일이 많아진다고 해서 미루어서는 안 됩니다.

중고등학생이 되어서 등교거부를 하는 아이들을 살펴보면, 어린 시절 집안일에 참여할 기회가 없었던 아이들이 많습니다. 어머니의 관심이 오직 학교 공부에만 집중되어 있었기 때문입니다.

　　　　　　　　　아이에게 맡겨라

집안일과 숙제

저는 이미 30년 전부터 학교에서 내주는 숙제를 폐지하자고 주장해 왔습니다. 가정에서는 〈가정교육〉이 있고, 집안일을 돕는 것은 아이의 인격형성에 커다란 의미를 지니기 때문입니다. 이는 중학생이나 고등학생이 되어서 등교거부를 하는 아이의 대부분이 거의 집안일을 도운 적이 없다는 사실로도 알 수 있습니다.

왜 집안일은 돕지 않았던 것일까요? 그것은 엄마가 학교에서의 공부를 중시하여 좋은 학업성적만을 바란 탓에 집안일을 시키지 않았기 때문입니다.

아이가 부엌일을 도우려고 하면 "그럴 시간 있으면 가서 공부나 해."라고 말합니다. 집안일을 돕는 것은 아이의 생활력을 키우는 일입니다. 집을 떠나 독립했을 때, 식사를 만들거나 어디서든 자신의 역할을 생각하고 자신 있게 생활하는 아이는 집안일을 잘해왔던 아이입니다.

그런데 숙제가 많으면 집안일을 돕지 못하고 숙제와 씨름해야만 합니다. 숙제를 하지 않으면 선생님에게 혼이 나기 때문입니다. 숙제 때문에 집안일을 도울 시간이 없어집니다. 오히려 엄마가 숙제를 봐주어야 할 형편이 됩니다. 하지만 엄마는 교육 전문가가 아니니까 아이가 어영부영하면 화가 나서 야단을 치게 됩니다. 결국은 엄마와 아이가 큰소리를 내다 둘이서 울음을 터뜨리는 경우도 있습니다. 숙제가 모자관계를 파경으로 이끄는 셈입니다. 그것이 제가 숙제전면폐지론을 주장하는 중요한 이유입니다.

한 달에 한 번, 저는 초등학교 선생님들과 도시락을 싸들고 모여 토론을 벌입니다. 한 번은 숙제에 대한 이야기가 나왔는데, 선생님 중 한 분이 "숙제를 내는 것도 정말 어려워요."라면서, "아이들 하나하나를 생각하면, 도움이 되는 숙제는 아이들마다 다르니까요."라고 하는 것이 아닙니까! 숙제의 진정한 의미를 되새기게 하는 발언이었습니다.

하지만 숙제를 많이 내는 교사는 단순히 많이 공부할수록 그만큼 실력이 는다고 생각하는 경우가 많습니다. 그래서 '베껴 쓰기 몇 백 번', '연습장 몇 페이지' 같은 숙제를 내줍니다.

 아이에게 맡겨라

그런 숙제야말로 공부가 싫어지는 원흉이며, 아이의 자발성 발달에 지장을 주어 모자간의 정서적인 관계를 파경으로 치닫게 합니다.

숙제를 많이 내는 교사는 숙제를 많이 내달라고 요청하는 엄마에게 아첨하는 것에 지나지 않으며, 아이들의 마음을 조금도 헤아리지 못하는 교사입니다. 그런 교사에 의하여 교육이 망조의 길을 걷게 되는 겁니다.

아이에게 바른 교육을 시키기 위해서도, 가정교육을 충실히 하기 위해서도 "숙제는 적당히 내주세요."라고 교사에게 요청하는 부모가 되길 바랍니다. 숙제에 치이다 보면 결국 아이의 인격형성에 문제가 생기게 됩니다. 이대로라면 자발성이 늦어져 생기는 등교거부아는 점점 더 많아질 것입니다.

숙제보다 중요한 것

이시이 씨의 집에서는 토요일과 일요일에 친척 아이들을 불러 다 함께 놉니다. 그것은 친척들의 모임이 아이의 가정 학습에 커다란 의미를 지닌다는 사실을 이시이 씨가 강하게 주장하고 있기 때문입니다. 부모들도 어떤 형태로든 놀이에 참가하기 때문에 아이들도 즐거워합니다. 어떤 놀이를 할지는 전적으로 아이들에게 맡기기에 큰 소동이 벌어지기도 하지만, 아빠와 엄마가 흐뭇한 모습으로 지켜보기 때문에 아이들은 생기가 넘칩니다.

그런데 둘째아이의 담임선생님은 토요일이 되면 숙제를 잔뜩 내주십니다. 그 선생님의 머릿속에는 학교 공부밖에 없는 것 같습니다. 가정의 단란함이라든가 친척들의 친목 도모가 얼마나 중요한지 따위는 완전히 잊은 듯합니다. 그 선생님은 자신의 아이들에게도 토요일이나 일요일 상관없이 학교 공부를 시키고 있는 걸까요? 만약 그렇다면 인간관계를 발전시키는 능력을 키우지 못해 문제아가 될 위험이 있습니다.

옛날부터 교사의 아이와 목사의 아이는 위험하다는 말이 있습니다. 위험하다는 것은 문제아가 되는 일을 가리킵니다. 반드시 교사나 목사라는 직업에 한정된 것은 아니지만, 학교 공부만 제대로 하면 된다는 협소한 교육관은 아이의 인격형성에 문제를 만듭니다. 또한 교사의 아이라는 이유로 오히려 좁은 교육의 틀에 가둘 수도 있습니다.

이시이 씨는 친척 아이들이 놀러 왔는데도 둘째아이가 숙제를 하느라 같이 놀지 못하는 것은 가정파괴를 부르는 것이라고 생각했습니다. 그래서 아이에게 숙제는 안 해도 되니까 다 같이 놀라고 권하자, "안 해가면 선생님에게 혼난단 말이에요."라며 울먹이는 게 아닙니까! 이시이 씨는 "괜찮아. 아빠가 선생님에게 편지 써줄게."라며 아이를 달랜 후 다음과 같은 편지를 썼습니다.

토요일부터 일요일까지 친척 아이들과 즐겁게 놀았습니다. 이는 가정에서의 인간관계를 학습하는 중요한 기회가 될 것입니다. 그래서 숙제를 하지 못하였으니, 양해해 주시기 바랍니다.

편지를 아이에게 읽어주었지만, 아이는 선생님이 화내시니까 싫다면서 아빠의 말을 듣지 않고 계속 숙제를 하다가 결국에는 울음을 터뜨리고 말았습니다.

집은 단란해야 할 장소이며, 그 즐거움이 아이의 정서에는 중요한 영향을 미칩니다. 가정에 단란함이 결핍되면 사춘기가 되어서 쉽게 집을 떠날 수도 있습니다. 가출을 하거나 비행청소년이 되는 것이죠.

무엇보다 부모는 아이들에게 '집=즐거운 곳'이 되도록 노력해야만 하며, 단란한 집안 분위기를 파괴할 가능성이 있는 숙제는 단호히 배척해야만 합니다. 숙제를 많이 내 달라며 선생님에게 부탁하는 어머니도, 스스로 가정을 파괴하고 있다는 사실을 깨달아야 합니다.

   아이에게 맡겨라

인내심을 키우는 용돈 주는 법

아이가 돈에 흥미를 갖기 시작하면 어떻게 금전교육을 해야 할지 생각해 볼 필요가 있습니다. 돈에 흥미를 갖기 시작하는 나이는 어떤 친구와 노느냐에 따라서도, 주위의 환경에 따라서도 달라질 수 있기 때문에 한마디로 말하기는 어렵습니다.

그러나 대체로 초등학교에 입학하면 용돈을 주어서 그 범위 내에서 자기가 원하는 것을 사고, 그 이상 필요한 것이 있더라도 참는 법을 배우도록 지도하는 것이 좋습니다.

처음에는 하루에 얼마씩 주는 것이 좋겠지요. 처음 용돈을 받으면 주어진 돈을 다 써버리기 때문입니다. 그래서 금방 부서지고 말 장난감을 사거나 불량식품을 사먹기도 합니다.

그것도 하나의 경험이기 때문에 나중에 따로 주의를 주고, 처음부터 "이건 안 돼!", "저건 사지 마!" 같은 제한은 하지 않도록 합시다. 부모의 간섭이 강하면 자발성이 늦어지기 때문입니다.

과자류는 사먹지 말라고 금지하는 부모도 있는데, 다른 친구가 맛있게 먹는 것을 보면 그 매력에 빠지지 않을 수 없죠. 부모 몰래 사거나 부모에게 거짓말을 하는 아이를 만들게 됩니다. 만약 먹지 말았으면 하는 걸 먹고 있다면, 그 점에 대해서만 주의를 주는 것이 좋습니다.

여러 가지 경험을 하는 중에 물건을 사는 법도 능숙해지기 마련입니다. 그리하여 며칠 용돈을 모아 비싼 장난감을 사겠다는 생각도 하게 됩니다. 그렇게 되면 주급제로 해도 좋겠지요. 물건 사는 일이 더 능숙해지면 그때는 월급제로 합니다. 한 달간 어떤 물건을 어떻게 사면 좋을지 계획도 세우겠지요. 어른으로 치면 예산을 세워서 결산하는 능력입니다. 주부로 치면 가계부를 정리하는 능력인 셈이죠.

일급제든 월급제든 아이가 용돈이 더 필요하다는 말이 나오면, 내일까지 기다리라든가 다음 달까지 기다려야 한다는 것을 가르쳐주어야 합니다. 아이가 "더 주세요." 하고 끈질기게 조르거나 울며 매달릴 때 귀찮다며 돈을 내주게 되면, 아이는 참는 법을 배우지 못합니다.

일종의 규칙을 정하면, 아무리 아이가 졸라도 부모 쪽에서 그 규칙을 지켜야 합니다. 아이를 혼내면서도 아이의 요구에 지고 만다면 아이는 부모에게 신뢰감을 잃고, 점차 폭력을 휘두르게 됩니다.

중학생이 되어 가정에서 폭력을 휘두르는 아이 중에는 물질적인 욕망을 부모에게 풀려는 경우가 있습니다. 원하는 것을 사주기 않으면 폭력을 휘두르는 것이죠. 그런 아이는 부모들이 어렸을 때부터 아이가 원하는 대로 장난감을 사주거나 돈을 주었던 예가 아주 많습니다.

어렸을 때의 요구는 작은 물건이라 사줄 수 있지만, 중학생이 되면 고가의 악기나 스테레오, 노트북이나 게임기 같은 것을 원하니까 사정이 달라집니다. 원하는 것을 얻지 못했다고 폭력을 휘두르는 아이로 성장한다면 그야말로 큰일이 아닙니까! 그러므로 어렸을 때부터 제대로 된 금전교육이 필요한 것입니다.

자기주장이 버릇없는 것이라고? 

우리나라에서는 아이의 자기주장을 '버릇없는 짓'이라고 생각하는 부모나 교사가 아주 많습니다. 그것은 아이가 자기의 의견이나 요구를 확실히 말하는 것을 '나쁜' 것으로 생각하는 탓입니다. 자신이 그렇게 자라왔고, 아주 옛날부터의 가치관이 뿌리 깊게 박혀 있기 때문입니다.

가족 네 명이 중국요리를 먹으러 갔을 때의 일입니다. 메뉴판이 하나밖에 없었기 때문에 가장 연장자인 저에게 건네졌습니다. 저는 순전히 내 기호에 맞춰 주문을 하였는데, 다른 식구들은 메뉴를 보려고도 하지 않고 내가 주문한 요리를 똑같이 주문하는 것입니다.

구미에서는 이러한 상황이 절대로 발생하지 않습니다. 한 사람 한 사람이 메뉴를 유심히 보고, 자신이 먹고 싶은 것을 주문합니다. 그래서 테이블에 늘어선 요리가 전부 다른 경우가 많습니다. 절대로 따라서 주문하는 일은 없습니다. 그러므로 식사를 주문한 다음 요리가 나오기까지는 꽤 시간이 걸립니다. 그것이 당연하다고 생각하기 때문에 맥주나 주스 등을 마시며 이러저러한 화제로 꽃을 피웁니다. 그래서 한 시간에서 한 시간 반 정도의 식사시간을 즐기는 겁니다. 여유 있는 식사라고 할 수 있겠지요.

자, 중국집 이야기로 다시 돌아가봅시다. 어른들이 나를 따라 주문을 했을 때, 일곱 살 난 손자가 "난 자장면이 먹고 싶은데."라고 말했습니다. 당연히 자신이 먹고 싶은 것을 말해도 좋은 상황입니다. 저는 아이다운 주문이라고 생각하며 미소 지었습니다. 그런데 옆에 앉아 있던 아이 아빠가 혼을 내는 겁니다. "모두 같은 걸 주문했는데, 버릇없이 무슨 짓이야!"

아이의 정당한 자기주장을 버릇없는 행동이라고 치부해 버리는 겁니다. 그것은 쓸데없는 것에 통일을 강요하는 어른들의 태도를 기준으로 하는 것에 지나지 않습니다. 모두와 같은 것을 해야만 한다는 생각에 빠지면, 그것과 다른 것을 하는 아이를 버릇없는 아이라고 생각하게 됩니다.

이런 생각은 군국주의 시대에 가장 강했습니다. 자기주장은 전혀 인정되지 않았습니다. 게다가 윗사람의 명령에 따르지 않는 사람은 불효자, 불충이라며 '나쁜 놈'이라는 딱지를 붙였습니다.

윗사람의 명령에 무조건 따르도록 교육하는 것은 그야말로 봉건주의적 의식 자체이며, 군국주의 시대에 더욱 강화되었습니다. 그것이 세월이 흐른 지금까지도 어른들의 의식 속에 뿌리 깊게 남아 있다고 생각하니, 교육이란 얼마나 무서운 것입니까? 한 스위스인이 히틀러 시대의 일을 강조하면서 '교육이라는 명분 아래 영혼의 살인'이라는 말을 사용했는데, 스위스에서는 오늘날에도 그 잔재가 남아 있다는 것을 지적하는 책입니다.

아이는 어른의 명령에 따라야 한다는 의식이 남아 있는 한 우리나라는 민주화가 될 수 없고, 자칫 잘못하다가는 다시 전쟁을 일으키게 될지도 모릅니다. 요즘 그런 우려를 느낄 때가 있습니다.

　　　　　　　　　　　　　　아이에게 맡겨라

# 가족이기주의가 낳은 이기주의자

우리나라 가족에게는 가족이기주의라고 해도 좋을 만한 의식이 보편화되고 있는 것 같습니다. 며칠 전에도 열차 안에서 아이를 창가에 앉히고 엄마는 반대쪽 팔걸이에 팔을 괴고는 아이와의 사이에 핸드백을 놓아둔 채 앉아 있었습니다.

시간이 지나면서 승객들이 많아져 서 있는 사람도 생겼지만 핸드백은 그대로입니다. 요컨대 여기는 우리 자리이니 둘이서만 여유 있게 앉고 싶다는 것입니다. 한 노인이 자리를 찾다가 "거기 좀 앉읍시다." 하고 말을 건네자, 그제야 겨우 싫은 기색이 완연한 얼굴로 핸드백을 치우고 아이를 무릎에 앉히며 자리를 내주었습니다.

구미에서는 열차가 복잡해지면 자리를 좁혀서 가능한 많은 사람이 앉도록 하고, 아이는 당연히 세웁니다. 그런 부모의

행동은 아이의 모델이 되어서 타인을 배려하는 마음을 배우게
되고, 어른을 공경하는 마음도 자라납니다. 가족이기주의의 엄
마를 둔 아이는 '배려'를 배울 수 없습니다.

　얼마 전에도 노약자 우선석에 엄마처럼 보이는 사람과 나
란히 앉은 젊은이가 어르신이 앞에 서 있는데도 전혀 상관없는
얼굴을 하고 앉아 있는 것을 보았습니다. 그 어머니는 흰머리
가 성성하니 노인이라고 봐도 좋겠지만, 젊은이를 세우려고도
하지 않습니다. 둘이서 재미난 이야기를 나누며 모자관계를 돈
독히 하고 있는지는 모르겠으나, 그들은 가족이기주의에 빠져
있습니다. 즉 엄마는 아이에게 '배려'의 마음을 키워주고자 하
는 마음이 없는 겁니다.

　버스를 기다리는 행렬의 앞쪽에 아이를 세워두고 자리를
잡으려는 부모가 있습니다. 자기들이 자리에 앉아서 편히 가려
고 하는 자기중심적인 마음을 가지고 있기 때문입니다. 아이에
게 사회의 질서를 흐트러뜨리라고 가르치고 있는 셈입니다. 게
다가 아이가 우물쭈물하는 동안 자리가 없어지자, 나중에 탄
부모가 "왜 그렇게 꾸물대고 있어!"라며 아이를 야단치기까지
합니다.

　이런 부모들 탓에 우리 아이들이 자기중심적이고 '배려'
없는 아이로 자라는 겁니다. '배려'의 마음이 결여된 사람들이

많은 사회는 각박한 사회가 됩니다. 모자는 자기들만 편하면 된다고 생각할지 모르지만, 두 사람의 가족이기주의가 세상을 어둡게 만드는 겁니다.

게다가 '배려'의 마음이 자라지 않은 아이는 부모에게도 배려가 없기 때문에 결국에는 부모도 불행해집니다. 아이가 자신들을 돌봐주어야 할 나이가 되어서도 자식들은 모르는 척합니다. 즉 가족이기주의처럼 우리 가족만 편하면 된다는 부모의 마음이 아이를 이기주의자로 만드는 것입니다.

아이의 교육을 생각하기 전에 부모 스스로 '배려' 있는 인격의 소유자가 되기 위해서는 어떻게 하면 좋은지, 특히 내 가족만이 편하고자 하는 마음은 없는지를 다시 한 번 생각해 볼 필요가 있습니다.

아빠의 진심을 전한 따귀 

저는 야단치지 않는 교육을 제창하는 정도이니, 체벌은 전면적으로 부정하는 사람입니다.

체벌은 권력자가 약한 아이를 괴롭히는 것과 같은 행위이며, 원시감정인 화의 폭발이며, '배려' 없는 어른의 행위라고 생각합니다. 게다가 체벌이라는 폭력을 경험한 아이가 사춘기 이후에 체력이 생기면 폭력을 휘두르는 일이 많다는 연구도 있습니다.

그런데 아버지에게 체벌을 당하고도 마음의 상처를 입지 않는 아이의 예를 접하게 되었습니다.

그때 저는 원고 집필을 위해 어느 한 산장에 묵고 있었는데, 어느 날 옆방에 초등학교 3학년생인 남자아이와 아빠가 묵게 되었습니다. 아이 아빠와 금방 친해진 저는 아이 엄마가 산

후 조리를 하느라 함께 오지 못했다는 사실도 알게 되었고, 매년 모두 함께 이곳에 온다는 것도 알게 되었습니다. 이런저런 이야기를 나누는 사이 "저도 선생님께서 쓰신 책을 읽고, 체벌을 해서는 안 된다는 것을 알면서도 욱하는 성질에 손을 대게 되더라고요."라는 말을 들었습니다.

저는 부모에게 체벌 받는 아이를 바로 알아볼 수 있습니다. 그것은 아이가 모르는 어른과 처음 만났을 때 '이 사람은 괜찮을까?' 하는 시선을 주기 때문입니다. 하지만 그 아이에게는 그런 시선이 전혀 느껴지지 않았습니다. 쉽게 나를 따르며 자신의 마음을 분명하게 표현하는, 정말 밝은 아이였습니다. 그것은 왜일까요? 저는 아이 아빠가 체벌이 나쁘다고 생각하기 때문은 아닐까 싶었습니다.

그런데 그 원인을 알게 된 것은 다음날이었습니다.

점심을 먹고 저는 아이 아빠와 장기를 두고 있었습니다. 그곳에 아이가 낚싯대와 그물망 같은 낚시도구를 잔뜩 들고 와서는 숙소에서 20분 정도 떨어진 곳에 있는 강에 다녀오겠다고 하는 겁니다. 그러자 아이 아빠는 "일기예보에서 오후에 비 온다고 했으니까 우산을 가지고 가렴." 하고 말했지만, 아이는 우산은 그저 무거운 짐만 될 뿐이라 들고 가기 싫은 겁니다. "아빠, 괜찮아요. 금방 돌아올게요." 하고 자기주장을 폅니다. 그것을 확실히 말하는 겁니다. 아이 아빠는 더 이상 아무 말도 하지 않았습니다.

아이가 나가고 한 시간도 한 되어서 짙은 구름이 끼더니 빗방울이 떨어지기 시작했습니다. 아이 아빠는 바로 아이를 데리러 뛰쳐나갔습니다. 결국 아빠가 받쳐주는 우산을 쓰고 흠뻑 젖은 아이가 나타났습니다. "어서 오렴." 하고 제가 먼저 말을 건넸으나 두 사람 모두 말이 없었습니다. 방에 들어가나 싶더니 바로 따귀 때리는 소리가 들렸습니다.

제가 놀라 뛰어들어가니, 두 사람은 마주보고 서 있었습니다. 아이 아빠가 "알았지!" 하고 묻자 아이는 큰 소리로 "알았어요." 하고 대답했습니다. 그 답을 듣자 아이 아빠는 숙소 주방에 가서 큰 대야 가득 뜨거운 물을 받아와서는 아이의 옷을 벗기고 정성스럽게 아이의 몸을 닦아주었습니다. 따뜻한 마음이 담긴 그 모습에 저의 눈시울도 붉어졌습니다.

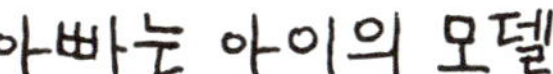

아빠는 아이의 모델

일요일의 고속도로는 교통량이 많아서 가끔 차가 정체됩니다. 제 앞에는 두 아이들을 태운 차가 있었는데, 아마 가족끼리 나들이를 다녀온 모양입니다. 정체가 계속되어 차가 잠시 서 있게 되자, 운전하고 있던 아빠 쪽 창문이 조금 열리더니 재떨이에 가득 찬 담배꽁초를 도로에 버리는 게 아닙니까! 물론 그것을 아이들도 보고 있었습니다. 저는 순간 너무도 슬퍼졌습니다. 아이들은 아빠 흉내를 내겠지요. 그런 생각을 하고 있는데, 아니나 다를까, 과자봉지를 창문 밖으로 던지는 겁니다.

아이에게 예의범절을 가르치기 전에 어른들 자신의 모습을 한 번 뒤돌아보아야 할 것입니다. 부모들이 예의 바른 행동을 하면 아이들도 그것을 따라 배웁니다. 결코 종이봉지를 길거리에 버리는 일은 없겠지요. 만약 버리려고 하는 아이가 있다면 부모들이 주의를 주겠지요. 그렇게 자란 아이들은 청년이 되어도 빈 깡통을 길거리에 버리는 일 따위는 없을 것입니다.

아빠가 나쁜 모델을 제시하면 아이는 점차 물들게 되어 다른 면에서도 버릇이 없어집니다. 버릇없는 모습에 화가 난 아빠는 자신의 일은 생각도 않고 아이를 야단치겠지요. 그러면서 '아이는 엄하게 교육시켜야 한다'고 할 겁니다.

아이를 엄하게 교육시켜야 한다고 말하는 아버지를 만나 이야기를 나눠보면, 또 하나의 타입이 있는 듯합니다. 자신도 아버지에게 엄한 교육을 받았고, 그것에 복종했기 때문에 현재의 사회적인 지위를 획득했다고 생각하는 아버지입니다. 그런 아버지는 성실합니다. 제 입장에서 본다면, 너무 성실해서 인간의 폭이 아주 좁지요. 하지만 우리나라에서는 그런 사람을 대접해 왔습니다.

교사 중에는 지나치게 성실한 인간이 많아서 되레 교육을 황폐하게 만들고 있습니다. 구미에서는 성실하다는 말이 사용될 때는 오히려 못난 인간을 의미합니다.

리더의 자질 중 하나가 유머이며, 리더십을 발휘하기 위해서는 조크(농담)로 주위 사람에게 웃음을 이끌어내고 따뜻하게 감쌀 줄 알아야 합니다. 엄한 교육을 해야 한다고 주장하는 사람에게는 바로 이 능력이 부족한 사람이 많습니다.

　　　　　　　　　　　　　　　아이에게 맡겨라

아이에게 '아빠'라고 불리고 아빠로서의 자질을 높이기 위해서는, 아이들에게 좋은 모델이 되어야 합니다. 가정을 따뜻하게 감싸는, 유머 넘치는 사람이 되려고 노력해야 합니다. 아이는 부모의 뒷모습을 보고 자라니까요.

저의 이 〈야단치지 않는 교육〉에 대한 칼럼을 읽은 몇 분의 아버지가 제게 편지를 보내왔습니다. 그 내용은 두 종류로 나뉘는데, 하나는 자신을 반성하게 되었다는 것이고, 또 하나는 아이의 마음을 헤아리도록 노력하게 되었다는 것입니다. 그 옛날 위엄을 지키고자 야단치는 것으로 권력을 휘둘렀던 아버지를 대신하여, 새로운 권위를 가진 아버지가 늘어나고 있다는 것을 느꼈습니다.

권위란 그 인격에서 배어나오는 것이지, 결코 자신이 남에게 강요해서 세워지는 것이 아님을 명심해야 합니다.

가족 나들이에 새로운 바람을 

아버지들이 생각하는 가족 나들이에는 어떤 것들이 있습니까? 아이들을 차에 태우고 유원지나 명소 순례를 떠올리는 아버지가 많을 것입니다. 그러나 교통정체와 사람들이 복작거리는 데서 지내다 보면, 집으로 돌아오는 길에는 가족 모두가 파김치가 됩니다. 아내는 조수석에서 졸고, 아이들도 뒷자리에서 구겨져 곯아떨어지겠지요. 그래도 아빠는 운전을 해야 합니다. 그렇게 집에 돌아오면 기진맥진. 이래서야 휴일의 의미가 전혀 없습니다.

당분간은 가족 나들이고 뭐고 다 귀찮다고 하겠지요. 피곤한 휴일을 보내면 다음날 출근해서도 일에 지장을 주게 됩니다. 물론 아내나 아이들을 내버려두고 골프나 낚시 같은 자신만의 즐거움을 찾는 자기중심적인 아버지보다는 낫겠지요. 자

   아이에게 맡겨라

기중심적인 아버지는 아내와의 마음의 유대관계도 점점 엷어지고, 아이들과의 마음의 유대관계도 성립하지 않기 때문에 남편이라고도 아빠라고도 할 수 없는 행동을 합니다.

아이들을 위한답시고 아빠 혼자 고생하는 일은 이제 그만두어야 합니다. 그보다는 아빠를 포함한 가족 레크리에이션을 즐겨야 할 것입니다. 그러려면 어떻게 해야 할까요?

먼저 자가용을 이용하지 않는 것부터 실천해 봅시다. 한 아빠는 배낭을 짊어지고 아이들과 등산을 가기로 했습니다. 가져갈 물건은 아이들 스스로 준비하도록 하고, 도와주지 않았습니다. 그럼으로써 아이의 자발성 발달을 촉진시키는 겁니다.

아이들은 어떤 물건을 가지고 가면 좋을지 이리저리 궁리하다 쓸데없는 물건으로 배낭을 채우기도 했지만, 부모는 아무 말도 하지 않았습니다. 무겁게 짊어지고 간 물건 중에 필요 없는 것이 무엇인지도 경험으로 알아야 된다고 생각하기 때문입니다.

그것을 반복하는 사이에 필요한 물건을 스스로 생각하는 힘이 생겨납니다. 또한 전철이 붐비기 전에 가려면 아무래도 빨리 일어나 집을 나갈 필요가 있습니다. 그러기 위해서는 빨리 자야만 합니다. 텔레비전을 끄고 빨리 잠자리에 드는 것이 중요하다는 것을 가르칠 수도 있습니다.

학교에 들어간 아이라면 지도를 읽는 법이나 시간표 보는 법을 공부할 수도 있습니다. 목적지까지 몇 킬로나 되는지, 그만큼 걷는 데는 얼마만큼의 시간이 걸리는지 계산할 수도 있고, 교통비가 얼마나 드는지를 계산할 수도 있습니다. 아이에게 직접 표를 사게 하는 것도 좋은 경험이 됩니다.

또한 땀을 흘리며 힘든 것을 견디고 끝까지 걸어서 완주했다는 체험은, 아이에게 체력에 대한 자신감을 주는 일이기도 합니다. 전철을 타거나 갈아타는 경험도 사회생활의 폭을 넓히는 데 도움이 됩니다. 그 사이에 아빠도 고생하겠지요. 그러나 자가용을 타고 하는 고생과는 전혀 다른 것이며, 몸을 움직이며 하는 행동이기에 집으로 돌아와서는 목욕을 하고 개운한 몸으로 맥주라도 한잔 마신다면 그야말로 최고의 기분일 겁니다. 이것이 레크리에이션이며, 특히 아이의 인격형성에 중요한 영향을 미치게 됩니다.

아빠의 뒷모습

아빠의 뒷모습에는 어떤 것이 있을까요?

한잔 하고 들어와 혼자 소파를 차지한 채 텔레비전을 보는 아빠도 있겠지요. 일에 지쳐 돌아온 것이니 그런 시간도 필요할 겁니다. 그러나 소파에 누워 TV 리모컨이나 돌려대는 모습만 본 아이들에게 아빠는 게으름뱅이로밖에 비치지 않습니다.

아이도 학원에서 돌아오면 방바닥을 뒹굴며 게임이나 하겠지요. 그런 아이를 야단친다 한들 무슨 효과가 있겠습니까! 물론 호되게 야단치면 행동거지는 좋아질지 모르지만, 그것은 야단맞는 것이 무섭기 때문에 형태를 바꾸었을 뿐이지 아빠에 대한 이미지는 변하지 않습니다. 속으로는 '아빠도 그러면서…….'라며 투덜대겠지요.

아버지가 집에 있을 때 아이에게 좋은 모델이 되려면 어떻게 행동해야 할까요?

그중 하나로 독서가 있습니다. 아이에게 공부하라고 말하는 이상, 아빠도 아이에게 독서하는 모습을 보이는 것이 좋습니다. 그것도 주간지나 만화책이 아니라, 무언가 제대로 된 책이 좋습니다.

아이가 "무슨 책이에요?"라고 물었을 때 그 내용을 설명할 수 있는 책이 좋습니다, 책을 좋아하는 아빠의 모습은 아이에게도 반영되어 책을 좋아하는 아이로 성장하는 경우가 많습니다. 아이에게 책을 읽으라고 독서를 강요할 필요도 전혀 없습니다. 강요하면 오히려 저항감이 생길 수 있기 때문입니다. 또한 책을 읽은 다음 감상을 메모해 두는 습관을 들이는 것도 좋습니다. 아이가 "아빠, 뭐해요?"라고 물었을 때 아이에게 무엇을 쓰고 있는지 설명해 주면, 아이는 쓰기의 중요성도 알게 되겠지요.

혹은 신문 등을 스크랩하는 것도 좋을 겁니다. 자신의 취미에 대한 기사를 빨간 매직으로 표시해 두고 나중에 오려서 스크랩하는 아빠가 있었는데, 아이도 자신의 취미 부분을 아빠와 똑같이 오리고 있었다고 합니다. 게다가 아빠가 표시해 둔 부분을 오려주기도 했답니다. 아빠를 배려하는 마음도 자라는 것입니다.

또 다른 하나로는, 집에서 무언가 노동을 하는 아버지의 뒷모습입니다. 일요목수라도 좋겠지요. 가족들에게 편리한 물건, 예를 들면 세면대 앞의 받침대 같은 것은 아이가 손을 씻을 때 편리한 물건입니다. 선반을 만드는 것도 좋겠지요. 가족 모두가 무엇을 만들지 대화를 나누는 것도 좋을 겁니다.

아빠가 일요목수를 시작하면 아이들도 흥미를 느끼고 함께 만들고 싶어 합니다. 그때는 아이에게 알맞은 일을 주면 됩니다. 아이의 도움 덕(?)에 결과물은 비록 완성도가 낮을지 몰라도, 아이는 만들어진 물건을 보며 자기도 도왔다고 만족감을 느낄 것입니다. 더구나 노동을 하는 아빠의 모습은 아이의 마음에 새겨져 근면함을 배웁니다.

교육이라는 것은 부모의 뒷모습을 보이는 것이며, 아버지에게는 아버지 나름의 뒷모습이 있습니다.

엄마의 뒷모습

엄마의 뒷모습에는 어떤 것이 있을까요?

무엇보다 아이의 마음을 헤아려 그 상황에 걸맞은 행동을 하는 것입니다.

어떤 엄마는 마침 현관에 있을 때 "다녀왔습니다!" 하고 학교에서 돌아온 아이를 "어서 오렴!" 하고 말하자마자 꼭 안아주었습니다. 아이에게 학교는 거친 파도가 넘실대는 곳이나 마찬가지입니다. 선생님에게 혼이 나기도 하고, 친구와 싸움을 하기도 하고, 친구들에게 놀림을 당하는 경우도 있습니다. 그런 힘든 시간을 보내고 집으로 돌아왔을 때 엄마에게 안기면 아이는 최고의 행복을 느끼게 되며, 그것을 작문으로 쓴 아이도 있었습니다.

그에 반해 "다녀왔습니다!"라며 집에 들어온 아이에게 "숙

아이에게 맡겨라

제는?", "시험 결과는?" 같은 학교에서의 일을 묻는 엄마가 있습니다. '배려'가 결여된 엄마의 모습입니다. 학교의 성적만을 중요하게 여기며 인격형성을 잊고 있기 때문에 아이에게도 '배려'의 마음은 자라지 않습니다.

자신의 아이를 두고 '배려'가 없는 아이라고 한탄하는 어머니를 보면, 저는 답답한 마음이 먼저 듭니다. 배려 없는 아이는 바로 그 엄마에 의해 만들어진 것이기 때문입니다. 엄마 자신이 아이에게 '배려' 없는 행동을 했던 사실은 까맣게 잊고 아이만 탓하는 셈이죠.

간혹 텔레비전을 보고 있을 때 밖에서 "다녀왔습니다." 하고 들어오는 아이에게 대꾸도 하지 않는 엄마나 '마침 재미있는 장면인데 귀찮게!' 같은 얼굴로 아이를 맞는 엄마도 있습니다. 그런 엄마를 '텔레비전 중독 엄마'라고 부릅니다. 그러면서도 아이에게는 "텔레비전만 보지 말고 빨리 공부나 해!"라고 소리칩니다. 자신이 나쁜 모델을 제시하고 있으면서 공부나 하라는 소리를 아이가 들을 리 없습니다. 어머니의 큰소리에 책상에 앉는 아이도 있지만, 마음에는 불만이 가득해서 공부할 마음은 들지 않는 법입니다.

아이에게는 공부하라고 말하면서 엄마 자신은 어떤 모델을 제시하고 있나요? 집안일을 마치면 텔레비전을 보며 시간

을 보내는 엄마는, 학교를 마치고 돌아오면 집에서 텔레비전을 봐도 좋다는 모델을 제시하는 것이나 마찬가지입니다.

아이에게 공부하라고 말하는 이상, 엄마 자신도 공부의 모델을 제시할 필요가 있습니다. 공부는 학교 다닐 때만 하는 것이 아니라 일생 필요하다고 하여 '평생교육'이라는 말로 표현합니다. 어떠한 책을 어떻게 읽고 있습니까? 무언가 취미생활을 위해 자신을 투자하고 있나요? 무엇이라도 좋으니 엄마가 열중하는 모습을 보여주세요. 그런 엄마의 뒷모습을 보고 아이는 자라며, 감동합니다.

청각장애자를 알게 된 후에 수화를 배우기 시작한 엄마가 있습니다. 청각장애자가 집으로 놀러 오며 인연이 생기자, 아이들도 수화를 배울 마음이 생겨서 엄마에게 배우게 되었습니다. 나중에는 아빠까지도 수화를 배워서 가족 전원이 수화를 배운 예도 있습니다. 아이들은 어느 사이에 복지에 대한 마음을 배우게 되었습니다. 장래에 세상을 위해 일하는 아이들이 되겠지요.

부모의 사회기피가 미치는 영향 

적면공포(赤面恐怖)나 시선공포(視線恐怖) 등 사춘기 이후
가 되어 확연히 드러나는 대인공포는 이미 유아기의 가정생활
에서 그 원인을 찾을 수 있습니다.

어느 날 어두운 얼굴로 한 어머니가 상담실을 방문하였습
니다. 자매가 모두 대인공포증을 앓고 있다며 어찌하면 좋을지
모르겠다는 겁니다. 어머니의 말씀으로는, 아버지가 손님 오는
것을 싫어해서 설날 이외에는 거의 손님이 오지 않는다고 합니
다. 손님 또한 방문객을 꺼려하는 집안 분위기를 느끼기 때문
에 더 이상 찾아오는 사람도 없어졌다고 합니다.

게다가 아버지는 외출하는 것도 싫어한다고 합니다. 어머
니는 아버지의 눈치가 보여 친척들을 부르지 않게 되었고, 휴
일에도 외출하지 않게 되었다고 합니다. 그러나 실은 어머니

                                              아이에게 맡겨라

자신도 사교성은 많이 떨어지는 편이라고 합니다.

아이에게는 어렸을 때부터 여러 사람을 만나 겪게 되는 각종 경험이 대인관계에 큰 영향을 미칩니다. 같은 일을 해도 미소를 지으며 바라보는 어른이 있을 것이고, 화를 내는 사람도 있을 겁니다. 여러 종류의 사람을 접하며 각각 그 대응법이 다르다는 것을 학습함으로써 아이는 남들과 어울리는 법을 배우게 됩니다.

아이들끼리 어울릴 때도 마찬가지입니다. 한 가지 놀이를 하더라도, 서로 협력하여 놀기도 하지만 의견이 달라서 싸움이 나는 경우도 있습니다. 여러 가지 다른 의견을 가진 아이가 있다는 경험에 통해 아이는 대인관계 속에서 자신을 만들어갑니다.

대인기피증이 있는 아빠와 엄마를 살펴보면, 성장할 때부터 친구가 적었다는 사실을 알 수 있습니다. 안타까운 건, 자신들의 대인기피가 아이들에게 어떤 영향을 미치고 있는지 미처 깨닫지 못한다는 사실입니다. 만 세 살 이후의 유아기는 친구를 사귀는 능력이 발달하는 아주 중요한 시기이며, 만 다섯 살이 되면 친구를 집으로 부르거나 친구의 집에 가서 친구와 노는 것을 좋아합니다.

이런 시기에 여러 학원을 전전하느라 친구들과 몸으로 부딪치며 노는 경험이 적으면 친구를 사귀는 능력은 자라지 않습니다. 이런 아이는 초등학생이 되어도 대체로 혼자 놀며, 친구가 놀러 와도 게임을 하거나 각자 만화책을 보면서 놉니다. 이른바 '평행놀이'입니다. 이 시기에는 아이가 취미나 독서에 열중한다고 해도 좋아하기만 해서는 안 됩니다. 아이가 혼자서 무언가에 열중하는 것은, 친구가 없어서 생기는 도피적 행동인 경우가 적지 않기 때문입니다.

처음 이야기했던 아버지나 어머니는 동창회에 가는 것도 겁이 나서 거의 참석한 일이 없다고 합니다. 아버지가 비사교적이라고 해도 어머니가 눈치를 보지 않고 친구와 그 아이를 집으로 초대하고, 자신도 아이를 데리고 외출하여 사람들을 만나면 아이에게 대인공포증은 생기지 않습니다.

유치원시절에 친구가 생기지 않는 아이는, 그 원인을 빨리 찾아서 서둘러 대책을 세워야 합니다. 늦어도 초등학교 저학년 무렵에는 또래 아이든 어른이든 많이 만나도록 기회를 만들어 주는 것이 좋습니다.

아이들 중에는 또래와는 잘 놀지만 어른을 무서워하는 아이도 있고, 어른과는 잘 놀면서 또래 친구들과는 쉽게 어울리지 못하는 아이도 있으니까, 어른과 아이 양쪽 모두 만남의 기회를 많이 만들어야 할 것입니다.

　　　　　　　　　아이에게 맡겨라

이유 없이 큰소리치는 엄마

엄마가 주의를 주었는데도 아이가 엄마 말을 듣지 않고 그릇을 나르다가 떨어뜨려서 깨버렸다고 합시다. 그때 엄마의 "거 봐라!"라고 하는 말에 아이가 "엄마도 그러잖아!"라고 말대답을 하면 엄마는 어떻게 할까요? 순간 욱하는 마음에 "엄마한테 무슨 말버릇이야!"라고 소리치며 아이를 때리고 있지는 않나요?

'부모한테 무슨 말버릇이야!'라는 말은 엄마아빠가 아이였을 때 할아버지할머니께 자주 듣던 말입니다. 옛날 교육에서는 부모에게 말대답을 하는 것은 불효이며, 불충으로까지 이어지는 크나큰 죄였기 때문입니다.

특히 군국주의 시대에는 '상관의 명령은 하늘의 명령'이라고 교육시키며 말도 안 되는 명령을 내리는 상관도 많이 있었

습니다. 그것이 아이의 교육에까지 영향을 미쳐 '부모와 교사
의 말은 무엇이든 잘 들어야 한다'는 가르침이 되었고, 부모에
게 말대답을 하는 자는 매로 다스렸습니다. 그런 의식이 지금
도 여전히 남아 있어서 부모들이 역정을 내는 것입니다.

민주적인 교육에서는 부모도 교사도 '자신의 생각을 정확
히 표현하라'고 가르칩니다. 그 안에는 'NO'도 포함되어 있습
니다. 'NO'란 답을 바로 부모들이 받아들일 수는 없겠지만, 자
신의 생각을 정확하게 표현하는 것을 막아서는 안 됩니다. 먼
저 아이의 이야기를 듣고, 왜 아이가 그런 말을 했는지 대화를
나누는 것이 중요합니다. 대화를 나누어보면 아이는 엄마가 설
거지할 때 그릇 깨는 모습을 보았다고 하겠지요.

엄마라고 해서 언제나 완벽할 수는 없습니다. 이런저런 실
수도 하겠지요. 그런 사실을 엄마가 인식하면 아이에게 "엄마
도 그러잖아."라는 소리를 들었을 때 "하긴 그렇지."라고 답할
것입니다. 그것이 바람직한 엄마의 태도입니다.

겸허히 자신을 반성할 수 있는 엄마는 아이에게 겸허히 반
성하는 것을 가르쳐주고 있는 셈입니다. 그렇게 자란 아이는
무언가 잘못을 했을 때 바로 사과할 줄 압니다. 그것이 '솔직함'
이라는 것입니다. 특히 초등학교 2~3학년이 되면 부모를 비판
하는 능력이 발달합니다. 이는 동시에 자기비판 능력도 발달하

                                              아이에게 맡겨라

는 것을 의미합니다.

부모가 되면 어찌하여 큰소리를 치게 되는 걸까요? 자신을 반성하는 힘을 잃어버렸기 때문입니다. 특히 아이에게 그런 일이 많습니다. 조금이라도 자신의 인격을 반성하는 힘이 남아 있다면, 비록 부모라도 많은 결점과 미숙한 점이 있다는 사실을 인정할 수밖에 없을 겁니다. 그렇게 되면 '부모의 말은 무엇이든 따라야 한다'는 교만한 말 따위는 할 수 없게 되죠.

비꼬아 말하자면, 결점이 많은 미숙한 인격의 소유자인 부모의 말을 듣는 아이는 제대로 자라지 못합니다. 여기서 제대로 자라지 못한다는 말은 순종적이기만 아이로 자란다는 뜻이며, 그 결과 사춘기가 되면 등교거부나 노이로제 등의 증상을 보일 수 있습니다.

어떻게든 겸허히 자기반성을 하는 부모가 되어야 할 것입니다. 겸허란 인격 가운데서도 중요한 것으로, 겸허한 부모에 의해 겸허한 아이가 만들어지는 것입니다.

의욕이 없는 아이

　　무기력하고 자발성이 결여된 아이의 엄마에게는 "무언수
행을 하십시오."라고 조언을 드립니다. 초등학교 2학년 이상이
라면 아주 효과가 좋습니다.

　　'무언수행'이란 아이에게 '~을 해라!' 같은 말을 입에 올리
지 않는 것을 말하며, 물론 도와주어서도 안 됩니다. 참견은 간
섭이 되는 경우가 압도적으로 많으며, 도와주는 것은 과보호가
되기 일쑤입니다. 간섭과 과보호로 자란 아이는 자발성(독립심)
의 발달이 늦어져 무기력해지는 일이 많습니다.

　　'무언수행'을 시작하기 전에 아이에게 "엄마는 오늘부터
네가 하는 일에 대해서 참견하거나 도와주지 않을 거니까 스스
로 잘 생각해서 하렴."이라고 선언하는 것이 좋습니다. 그리고
"만약 엄마가 참견을 하면 네가 바로 지적해도 좋아."라고 덧붙

　　　　　　　　　　　　　　　　　　　　　아이에게 맡겨라

여도 좋습니다. 제가 그런 제안을 하면 엄마들 중에는 "그럼 그냥 내버려두면 되는 건가요?"라고 묻는 사람이 있습니다. 내버려두다니! 그건 말도 안 됩니다. 방임은 교육이라고 할 수 없습니다. 방임은 방종아를 만들 뿐이기 때문입니다.

'무언수행'이란 아이의 행동을 잘 살피면서 참견을 하지 않는 것입니다. 아이의 행동을 보고 있자면 자꾸만 참견을 하고 싶어집니다. 그것을 꾹 참고 참견하지 않도록 애쓰려면 엄마로서는 꽤나 힘들 것입니다. 그래서 '수행'이라는 표현을 쓰는 겁니다.

'무언수행'을 시작하면 당장 아이의 행동에 혼란이 생깁니다. 제일 먼저 생활습관이 완전히 흐트러집니다. 늦잠을 자기도 하고, 세수를 안 하기도 하고, 정리정돈을 안 하는 것은 물론이고, 학교 숙제도 안 하는 일이 생깁니다.

지금까지의 행동은 엄마의 지시에 따른 거니까 그 행동은 자발성과는 전혀 상관없었던 겁니다. 따라서 아이의 자발성을 키우기 위해서는 엄마가 '무언수행'을 하며 철저히 아이에게 맡기는 것이 좋습니다.

일시적으로는 아이의 상태에 혼란이 일어나지만, '무언수행'을 계속하다 보면 초등학교 저학년의 아이라면 3~6개월 후에는 반드시 자발적인 행동이 나타나고, 아이 나름대로 생활습관을 바로잡으며, 학교 숙제를 대하는 태도도 달라집니다. 시간이 좀 더 지나면 생활이나 공부에도 의욕적이 됩니다.

그러기까지는 학교 선생님에게 "부모님께서 신경 좀 써주세요." 같은 말을 들을지도 모릅니다. 그러나 부모가 계속 뒤치다꺼리를 해주는 한 자발성의 발달은 기대할 수 없습니다. 교사의 근시적인 요구에 대해서는 마음을 다잡고 따르지 않도록 합시다. 교사는 길어야 2~3년이면 바뀌고, 아이의 일생을 책임져주지도 않습니다. 그러나 부모는 다릅니다. 아이가 청년이 될 때까지 책임은 부모에게 있으니까요.

아이에게 맡겨라

부모자식 간의 신뢰를 낳는 비결

제게는 여덟 명의 손주가 있습니다. 세 쌍의 젊은 부부의 아이들로, 서로가 사촌지간이 됩니다. 가끔 한데 모이면 그야말로 난리가 납니다. 보통은 우리 집에 모이는 경우가 많습니다. 집이 넓기 때문이기도 하지만, 장남 부부의 두 아이가 자라고 있는 곳이라 손주들은 놀이방 정도로 생각하고 있습니다.

여덟 명이 모일 것을 알게 되면, 저는 중요한 물건은 따로 치워 놓습니다. 책상 위에 놓아두었던 분재를 치운다든가 서류 등을 정리해서 피해를 입지 않도록 합니다. 그러려면 시간이 꽤 걸릴 때도 하지만, 저는 손주녀석들이 활기차게 노는 모습을 보는 게 좋아서 노력을 아끼지 않습니다.

여덟 명이 모이면 당연히 아이들끼리 싸우는 일도 각오해야 하는데, 의외로 싸우는 일은 적습니다. 3학년이 된 두 명의 아이는 나이 어린 동생들을 잘 데리고 노는데, 그 모습이 꽤나 능숙합니다. 이제 22개월 된 막내는 큰 아이들이 집적대는 통에 성가신 표정을 짓기도 하지만, 그래도 즐거운 모양입니다.

어쨌든 손주들은 모여서 노는 것을 즐거워합니다. 평소에도 자주 전화를 걸어 이런저런 얘기를 나눕니다. 들어보면 별 것도 아닌 얘기를 끝도 없이 하고 있으니 전화요금이 아깝다는 생각도 들지만, 통화하는 것을 즐기고 있으니 그것을 지켜주고 싶어집니다. 끊을 때는 "놀러 와!"라고 말하며 다음에 만날 날을 약속합니다. 그리고 약속한 날에는 아침부터 사촌들이 오기만을 목이 빠지게 기다립니다. 그날은 다른 약속은 거절하는 일이 많습니다.

이렇게 사촌들이 사이가 좋은 것은 왜일까요? 첫째, 부모들이 아이를 귀여워해서 아이들의 정서가 안정되어 있기 때문입니다. 정서가 안정되어 있다는 것은, 짜증을 내지 않는다는 것을 의미합니다. 둘째, 우리 노부부가 손주들을 차별하지 않기 때문입니다. 그림책이나 장난감을 줄 때도 그 나이에 맞게 불만이 생기지 않도록 배려합니다.

예를 들어 과자를 하나 나눠주더라도 반드시 여덟 명에게 돌아가도록 준비합니다. 먼저 온 손주에게 과자를 주면 반드시 다른 아이의 것도 있냐고 물어봅니다. 자신만이 뭔가를 얻으려

   아이에게 맡겨라

하지 않습니다. 손주들을 평등하게 대하는 것처럼 우리는 세 쌍의 부부에게도 똑같이 대합니다. 선물이 들어오면 할머니는 반드시 4등분을 합니다. 그것이 할머니에 대한 절대적인 신뢰로 이어지며, 두 며느리는 시어머니를 존경합니다. 그 모습을 저는 흐뭇한 마음으로 바라보게 되지요.

그런 의미에서 외손주니 친손주니 하는 것은 생각해 본 적이 없습니다. 손주들 모두를 평등하게 대함으로써 손주들에게 신뢰받는 할머니가 되는 겁니다. 할아버지는 할머니가 손주에게 신뢰받는다는 사실이 즐겁습니다. 아이들을 평등하게 대하는 것이 얼마나 중요한지를 잘 알고 있기 때문입니다.

같은 형제인데 왜 이렇게 다를까 

같은 남자아이끼리 여자아이끼리 있어도 어째서 형제자매 간에는 성격이 다를까요? 한 엄마는 "큰애는 절 닮아서 소극적인데, 작은애는 아빠를 닮아서 적극적이에요."라며 마치 성격의 차이가 유전에 의한 것인 양 말하면서 "같은 부모 밑에서 크는데 왜 그렇게 성격이 다른 걸까요?" 하고 묻습니다.

분명 같은 얼굴을 가진 부모가 키우고는 있지만, 심리적인 환경은 아주 다릅니다. 엄마 자신이 첫째를 키울 때와 둘째를 키울 때의 마음을 떠올려보면 그 차이를 가늠할 수 있을 것입니다.

첫째를 키울 때는 모든 것이 처음인지라 무엇을 하든 불안한 마음이 컸을 것입니다. 매월 건강검진을 위해 꼬박꼬박 소아과에도 갔을 것이고, 키나 몸무게에도 신경을 쓰며 아이가 순조롭게 잘 자라고 있는지 안절부절 못했을 겁니다.

하지만 둘째를 낳으면 상황이 달라집니다. 첫째를 키운 경험이 큰 도움이 되고, 신체 발육도 어느 정도 짐작할 수 있어서 그다지 크게 신경 쓸 일이 없어집니다. 게다가 귀찮다는 생각에 꼬박꼬박 소아과를 찾는 일도 줄어듭니다.

첫째를 키울 때는 육아서도 열심히 읽고 책에 쓰여 있는 대로 따라하려고 해도 잘 되지 않아 초조감을 느끼지만, 둘째 때는 육아서대로 키울 수 없다는 것을 깨닫고 아이의 요구에 따라주는 경우가 많습니다. 대부분의 경우, 둘째아이는 태평하게 자랍니다. 엄마의 마음가짐이 각각의 아이에게 반영되는 것입니다.

교육도 마찬가지입니다. 첫째에게는 생활습관에 대한 예의범절도 철저하게 가르치지만 둘째에게는 느슨해지는 데다, 둘째도 첫째가 엄마에게 혼나는 모습을 보고 조심하기 때문에 크게 야단칠 일도 없습니다.

반대로 첫째는 엄마가 생각한 대로 규격에 맞춰 키웠으니 엄마로서는 육아에 성공했다고 생각하지만, 둘째는 장난꾸러기에 다루기가 힘들어 야단치는 일이 많은 경우도 있습니다.

아빠도 처음 아이가 태어나면 신기해서 병원으로 달려오고 아이 사진을 찍어대지만, 둘째 때에는 감격도 줄고 사회적으로 바빠져서 사진을 찍는 일 따위는 아주 적어지는 경우가 많습니다. 특히 계속해서 여자아이가 태어나면 병원에도 안 와 보는 아빠도 있습니다.

첫째와 둘째를 키울 때의 심리적인 차이는 그 외에도 많습니다. 그때를 돌이켜볼 수만 있다면, 형제자매 간의 성격 차이를 유전이라고 단정 지을 수 없을 것입니다.

소극적인 첫째아이도 이제부터의 육아법에 의해 적극적인 아이가 될 수 있습니다. '의욕'을 키우기 위해서는 아이에게 '자유'를 주어야 합니다.

 아이에게 맡겨라

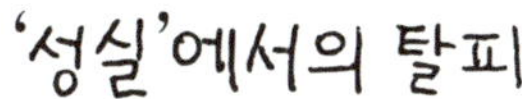

'성실'에서의 탈피

아이에게 "똑바로 해야지!"라고 명령하는 엄마아빠가 많은 것 같습니다. 예의범절이나 뒷정리, 숙제처럼 아이의 생활 속 장면 하나하나에 그렇게 말하는 겁니다.

하지만 그 명령을 순순히 따르고 부모가 만족할 만한 아이의 모습이 완성되면, 그 다음에는 반드시 문제가 생깁니다.

순종적이고 얌전한 아이는 강박적인 인격을 갖게 되어, 사춘기가 되면 신경증을 앓거나 등교거부를 하게 됩니다. 그런 아이는 이미 유아기부터 얌전하고 꼼꼼한 성격으로 시그널(적신호)을 보내기 시작합니다. 혹은 신경질이라는 시그널을 내보내기도 합니다.

그러나 우리나라 대부분의 부모는 성실한 아이를 '착한 아이'라고 생각합니다. 그것은 부모 자신도 성실하고, 살아오면서 그 성실함을 칭찬받아왔기 때문입니다. 특히 남이 시킨 것을 잘 해내는 것을 훌륭한 행위라고 믿고 있기 때문에 그것을 아이에게도 요구합니다.

그런 부모들은 스스로 찾은 취미가 없는 경우가 많습니다. 직장에서 집으로 돌아오면 텔레비전만이 유일한 소일거리인 아빠가 있습니다. 하루 종일 텔레비전을 켜놓는 엄마도 있습니다. 하지만 맡겨진 일은 완벽하게 해내므로, 그런 의미에서는 성실합니다. 집 안도 말끔하게 정리되어 있어서 아이가 어지르기라도 하면 "정리해야지!"라고 명령하고, 잘 정리하면 '착한 아이'라고 생각합니다.

부모가 완벽주의자면 완벽주의자일수록 아이는 성실하고 꼼꼼해집니다.

구미에서 "그 사람은 성실해."라고 말할 때는 약간의 경멸을 포함하고 있습니다. 즉 마음의 여유가 없고 유연성이 부족하며, 유머나 농담이 적고, 유머를 이해하지 못하는 사람이 많기 때문입니다. 유머는 주위의 사람들을 따스하게 감싸고 웃음을 이끌어내는 힘이 있기 때문에 리더의 중요한 자질로 꼽힙니다.

성실하고 꼼꼼한 부모가 있는 가정에서는 '웃음'이 적습니다. 아이 또한 마찬가지입니다. 장난을 치거나 엉뚱한 행동을 하고, 바보짓을 하며 웃음을 터뜨리는 것이 아이들인데, 그러

   아이에게 맡겨라

지를 못하는 겁니다. 그 결과 감정이 메마른 상태가 되죠. 그런데도 그것을 성실하다는 이름으로 표현하는 겁니다. 성실해야만 한다는 강요는 언제나 단정해야 한다는 강박적인 인격을 만들고, 남들의 평가에 신경을 곤두세우게 됩니다.

아이를 성실하고 꼼꼼한 인격에서 해방시켜 자유로운 마음을 갖도록 하는 것은 어떨까요?

참으로 어려운 일이지만, 엄마아빠가 먼저 자기 자신을 성실함이나 꼼꼼함에서 해방되도록 노력해야 합니다. 크게 웃을 수 있는 무언가를 스스로 찾는 겁니다. 그렇게 되면 아이의 장난이나 엉뚱한 행동을 즐길 수 있게 되고, 정리정돈을 못해도 용서할 수 있게 됩니다. 그것이 '성실에서의 탈피'를 추천하는 이유입니다.

3세대 동거 가족의 육아 

3대가 한 지붕 아래 오순도순 살며 할아버지인 내가 손주와 즐겁게 지낸다는 글을 읽은 독자에게 "그것은 며느리와 부인의 희생을 바탕으로 성립된 것이 아닙니까?"라는 비난 섞인 편지를 받았습니다. 아마도 그 독자는 며느리로서 꽤나 힘든 시간을 보내고 있는 분일 겁니다.

아키코 씨도 그런 며느리였습니다. 함께 사는 시부모는 옛날 의식을 가지고 있어서 며느리는 당연히 시부모를 섬겨야 하고, 마음대로 며느리를 부려먹어도 된다고 생각하고 있었습니다. 만약 시부모의 뜻을 따르지 않는다면 노발대발할 것이 눈에 선했고, 나쁜 며느리라고 비난할 것이 뻔했으므로 아키코 씨는 아무 말 못하고 시부모를 따르는 수밖에 없었습니다.

그 불만이 점점 쌓여서 참다못한 어느 날, 아키코 씨는 남

   아이에게 맡겨라

편에게 속마음을 털어놓았습니다. 그런 푸념을 남편이 잠자코 들어줄 거라고는 생각하지 않았기 때문에 입을 떼는 데도 용기가 필요했습니다. 그 결과는 예상한 대로 "어른들 살아계시는 동안에는 풍파를 일으키지 않았으면 좋겠어."라는 말뿐이었습니다. 즉 참으라는 것이지요.

이것은 부부의 마음이 서로 맺어져 있지 않다는 것을 의미합니다. 부부에게 '배려'의 마음이 있다면, 남편은 아내의 입장에서 생각하고 아내의 마음을 헤아려 무언가 대책을 세워야 할 것입니다. 즉 아키코 씨의 남편은 '배려'가 결여된 남성이라고밖에 할 수 없습니다. '배려' 없는 남성은 형식적인 효도의식을 가지고 있습니다. 진심으로 노인들의 입장에서 생각하는 것이 아니라, 노인들의 감정을 상하지 않게 하는 일만 생각하는 겁니다.

아키코 씨는 속이 쓰리고 두통에 시달리며 심신증을 반복하였고, 아이들에게도 감정적으로 대하게 되었습니다. 특히 시부모가 아이들의 물질적인 어리광을 받아주거나 텔레비전을 계속 보게 하는 것이 마음에 들지 않았습니다. 그래서 아이들이 자기와 있을 때만은 버릇을 바로잡아야 한다는 생각이 앞서 아이들을 야단치는 일이 많아졌습니다.

엄마에게 야단맞는 일이 잦아지자, 아이들은 시간만 나면 할아버지할머니의 품으로 달려가 버립니다. 그 모습을 지켜봐야 하는 아키코 씨는 그야말로 외로움이 사무칩니다. 특히 시부모 방에서 아이들이 떠들며 웃는 소리가 들리면 견딜 수가 없어집니다.

시집살이에 힘겨운 며느리가 많다는 것을 잘 알고 있는 터라, 우리 부부는 우리 집에서만은 절대 며느리를 힘들게 하지 말자고 다짐했습니다. 그래서 의논 끝에 생활을 완전히 이분화하였습니다. 1층과 2층을 독립적인 공간으로 설정한 것이죠. 즉 같은 지붕 밑에 살지만, 모든 생활이 다릅니다. 물론 식사도 따로 하고, 두 가족이 합의를 했을 때만 같이 먹습니다. 손주들은 우리 집에 왔을 때만 우리와 함께 지내는데, 그때가 저는 아주 즐겁습니다.

할아버지할머니와 자고 싶다고 아이들이 떼를 써도 며느리인 엄마가 허락하지 않으면 우리는 재워주지 않습니다. 우리는 모든 일을 "엄마에게 물어보렴."이라고 대답합니다. 미래의 3대 가족의 모델을 만들기 위해 우리 나름대로 실험을 하고 있는 셈입니다.

　　　　　　　　아이에게 맡겨라

야단치기보다 느긋하게 기다리자

지금까지 야단치지 않는 교육에 대하여 생각해 보았습니다. 제가 43년에 걸쳐 아이들을 연구한 결과, 첫째 '세 살 버릇 여든까지 간다'는 속담의 중요성을 알게 되었습니다. 즉 세 살까지 자란 마음은 그 후에도 계속되는 일이 많다는 말로, 취학 전의 가정교육이 아주 커다란 의미를 가지고 있다는 말입니다.

둘째로는 '세 살 버릇'이라고 할 때의 '버릇'이 '의욕'과 '배려'의 두 가지라는 사실이 여러 연구의 결과 분명해졌습니다. 의욕과 배려를 키워놓으면 훌륭한 청년이 될 것이라고 확신합니다.

의욕이란 생기 있게 노는 상태로, 그것은 자발성의 발달과 함께 왕성해집니다. 자발성은 스스로 생각해서 행동을 선택하고, 남에게 기대지 않고 행동하는 힘입니다. 이 힘은 아이에게

'자유'가 주워짐으로써 발달합니다. 그러므로 가능한 아이에게 '맡기는' 것이 좋습니다. 아이에게 맡긴다는 것은, 아이의 행동은 잘 지켜보지만 참견도 도움도 주지 않는 방법으로, 방임과는 전혀 다릅니다.

아이의 행동을 보고 있으면 아무래도 참견을 하고 싶어집니다. 그것이 간섭입니다. 또한 도와주고 싶어집니다. 그것이 과보호입니다. 간섭이나 과보호가 많으면 많을수록 아이의 자발성 발달에는 압력이 가해집니다. 그리하여 얌전하고 순종적이 아이가 되고 말죠.

자발성이 순조롭게 발달하고 있는 아이는 결코 얌전하지 않으며, 순종적이지도 않습니다. 장난을 치고 반항을 하며, 친구들과 싸움도 합니다. 정리정돈도 잘 못하고, 물건도 잘 잊어버리며, 한시도 가만히 있지를 못합니다.

그런 아이에게는 침착한 목소리로 "엄마는 이렇게 해주면 좋겠는데."라고 제안하면서 느긋하게 아이가 변해가는 모습을 기다리는 것이 좋습니다. 그러면 아이는 점점 엄마와 아빠의 제안을 받아들이게 됩니다.

느긋한 마음을 가진 엄마아빠는 아이를 혼내는 일이 적습니다. 그것은 '배려'를 알기 때문이라고 해도 좋겠지요.

'배려'란 아이의 입장이 되어서 생각하고, 아이의 마음을 헤아리는 힘입니다. '배려'가 있으면 아이를 야단칠 마음이 생기지 않습니다. 아이를 야단치는 일이 많은 엄마아빠는 아이를 위해서 혼을 내는 거라고 말하겠지만, 실은 자신의 생각대로 아이를 지배하고자 하는 자기중심적이 마음이 강합니다.

아무쪼록 너그럽고 '배려'를 아는 인격의 소유자가 되도록 엄마아빠도 노력하십시오. 엄마아빠의 배려를 보고 자라면 아이에게도 '배려'의 마음이 자라서 훌륭한 인격을 가진 청년으로 성장할 것이며, 그런 청년이 많아지면 그만큼 미래도 밝아질 것입니다.

야단치지 않으면 아이의 진짜 모습이 보인다

저에게는 여덟 명의 손주가 있습니다. 올해 초등학교 4학년이 된 두 아이를 필두로 대체적으로 한 살 터울로 태어나 막내가 네 살이 되었습니다. 저는 손주들을 한 번도 야단친 적이 없기 때문에 아이들은 제 앞에서 점잔을 빼는 일 따위는 없습니다. 서너 살이 되면 손주들은 저를 "어이~ 영감!" 하고 부르지만, 그것에 질색을 해본 적도 없습니다. 특별한 제재 없이 내버려두어도 아이들은 때가 되면 모두 '할아버지'라고 부르게 됩니다.

2학년생인 손녀는 여름방학에 들어가기 조금 전에 매일같이 제 책상 위에 남자의 성기를 그린 그림을 놓아두었습니다. 학교에서 그런 그림을 그리는 것이 유행인 것 같았습니다. 저는 손녀가 그린 그림 몇 장을 벽에 붙여두었습니다. 그렇게 2주일 정도가 지나자, 손녀의 장난도 사라졌습니다.

　제가 야단을 치지 않기 때문에 손주들은 제게 거짓말을 하지 않습니다. 장난을 치다 할아버지 물건을 고장 내기라도 하면 아이들이 먼저 와서 죄송하다고 사과를 합니다. 제가 곤란한 얼굴을 하고 있으면, 미안해 어쩔 줄을 모릅니다. 요컨대 '배려'가 자라는 것을 알 수 있습니다. 저의 결론은, '의욕'과 '배려'가 자라면 훌륭한 청년이 된다는 것입니다. 손주들도 그렇게 자라겠지요. 그것이 기대됩니다.

　이 책은 1년 반에 걸쳐 도쿄신문과 준이치신문 등에 연재되었던 〈야단치지 않는 교육〉에 대한 짧은 칼럼을 시주츠카 유지 씨가 정리해 준 것입니다. 연재 중 많은 분들에게 격려의 편지와 말씀을 들었습니다. 실천에서 태어난 저의 주장이 많은 분들에게 공감을 얻은 것은 저로서는 무척이나 기쁜 일입니다.

　'의욕'과 '배려'가 있는 청년이 늘어나면 우리나라도 살기 좋은 평화로운 나라가 되겠지요. 진정한 민주국가를 만들어 세계의 모델이 되는 날이 오기를 기대해 봅니다. 부모로서도 자식을 키운 보람이 있다고 말할 수 있겠지요.

아이에게 맡겨라

1판 1쇄 발행 2014년 12월 10일

지은이 히라이 노부요시
옮긴이 박진희
펴낸이 김제구

디자인·본문일러스트 아르떼203 김민주
인쇄·제본 한영문화사
표지사진 게티이미지코리아/멀티비츠

펴낸곳 리즈앤북
출판등록 제22-741호(2002년 11월 15일)
주소 121-841 서울시 마포구 서교동 446-36 Y빌딩 2층
전화 02-332-4037
팩스 02-332-4031
이메일 ries0730@naver.com

ISBN 978-89-90522-89-4 13370